京都の謎〈幕末維新編〉

高野 澄

祥伝社黄金文庫

まえがき

幕末維新の史跡はまだ枯れていない。

そんなものはとっくの昔に風化したというひともいるだろうが、土佐海援隊《とさかいえんたい》の本部があった三条車道《くるまみち》の「酢屋《すや》」から坂本龍馬《りようま》と中岡慎太郎《しんたろう》が暗殺された「近江屋《おうみや》」まで、ほんのわずかの距離を歩いてみるだけでも、生々《なまなま》しい匂いがする。

「龍馬よ、慎太郎よ、言い残したことがあるんじゃないのか？」

彼らはもう、生の声でわれわれに語ってはくれない。

われわれが考え、想像し、答えを出さなくてはならない。

なにも考えず、なにも想像しないひとにとってだけ維新の史跡が風化しているにすぎないのである。

幕末維新の変革はずいぶん長い時間を必要とした。時間といっても、時計で計《はか》る時間ではなくて心理の時間である。

川端《かわばた》通丸太町上《まるたまちあが》ルの「鴨沂小隠《おうきしょういん》」で梁川星巌《やながわせいがん》たちが「幕府を倒せ！」と叫んでいたときでさえ、幕府打倒が現実の目標になるときがくるなんて誰も思わなかった。夢のまた夢だと思っていたが、それでも夢をみないわけにはいかなかった。

幕府の政策についてあれこれ批判するのではなく、幕府を倒さなければならないと気づいたときでも、決意したひとよりは躊躇《ちゅうちょ》するひとのほうが多かった。

「やってみなけりゃ、わからん。だから俺はやる！」

京都を追われ、また潜入してきて、また追われ、殺され、そしてまた——。

そうして、ある日のあるときから幕府はガタガタと音をたてて崩れだしたのである。

そのときでさえまだ躊躇するひとはあった。権力の倒壊とは、それくらい信じがたいものなのだ。

しかし、権力は倒れる。

人間がつくったものは人間によってこわされるのである。

古い権力が倒れ、新しい権力が誕生するという大変にドラマチックな光景は、あのときの京都で見られたのが最後だ。京都が最後の、あるいは最新の証人なのである。ウソみたいだが、本当のはなしなのだ。

高野《たかの》　澄《きよし》

京都の謎【幕末維新編】目次

3章 なぜ桂小五郎《かつらこごろう》は、新選組《しんせんぐみ》に討たれなかったのか……83
――襲撃された「池田屋」に、彼がいなかった真の理由

〈史蹟〉池田屋跡　蛤御門　大和屋（吉田屋）　山紫水明処
〈人物〉桂小五郎（木戸孝允）　幾松　勝海舟　高杉晋作

4章 なぜ新選組に〝尊攘志士〟が入隊したのか…… 127

――「旗本へ昇進」か「倒幕」かに揺れた隊士たち

〈史蹟〉新徳寺　新選組壬生屯所跡　池田屋跡　月真院
〈人物〉伊東甲子太郎　清河八郎　近藤勇　土方歳三

6章

7章 なぜ岩倉具視《いわくらともみ》は、同志から命を狙《ねら》われたか……229
――「和宮降嫁」がもたらした政変劇

〈史蹟〉岩倉具視幽棲旧宅　霊源寺　実相院　大雲寺
〈人物〉岩倉具視　和宮　島津久光

8章 なぜ夥《おびただ》しい数の会津《あいづ》藩士が〝黒谷《くろだに》〟に眠るのか……267

――京都の人も感動した侠客・会津小鉄《あいづのこてつ》の活躍

〈史蹟〉金戒光明寺　西雲院　京都守護職屋敷跡

〈人物〉松平容保　松平定敬　会津小鉄

装丁　フロッグキングスタジオ
地図作製　Ｌｏｔｕｓ　林雅信

〈幕末〉主要事件・年表

年号(西暦)	月	事　　　件
嘉永6年(1853)	6	ペリー浦賀に来航
安政元年(1854)	3	日米和親条約調印
安政5年(1858)	9	安政の大獄始まる
	10	徳川家茂、将軍となる
	11	僧月照と西郷隆盛が鹿児島沖で入水（西郷はその後蘇生）
万延元年(1860)	3	桜田門外の変(井伊直弼暗殺さる)
文久元年(1861)	10	皇女和宮、将軍家茂に降嫁のため江戸へ
文久2年(1862)	4	寺田屋事件
	8	生麦事件
	12	新設の京都守護職・松平容保、入京
文久3年(1863)	2	浪士隊(新選組の前身)上京、壬生の新徳寺と八木邸に分宿
	3	将軍家茂上洛、賀茂行幸に随従
	4	天皇、石清水八幡宮に行幸
	8	8・18政変で公武合体派が尊攘派を京都から一掃(七卿落ち)
	9	新選組局長芹沢鴨ら3名が近藤勇一派に暗殺される
元治元年(1864)	6	池田屋事件
	7	禁門の変(蛤御門の変)
	8	第1次長州征伐(～12月)
	12	伊東甲子太郎、新選組に入隊
元治2年(1865)	2	新選組副長・山南敬助、脱走の罪で切腹
	3	新選組、屯所を西本願寺へ移す
慶応2年(1866)	1	薩長同盟成立。伏見・寺田屋で坂本龍馬、幕吏に襲われる
	6	第2次長州征伐(～8月)
慶応3年(1867)	3	伊東甲子太郎ほか数名、御陵衛士を拝命して新選組脱退
	6	御陵衛士、高台寺塔頭・月真院を屯所とする
	7	中岡慎太郎、陸援隊を結成
	10	大政奉還 討幕の密勅下る
	11	坂本龍馬・中岡慎太郎暗殺される(11月15日) 伊東甲子太郎、油小路七条で新選組に襲われる
	12	王政復古の大号令

1章

なぜ龍馬《りょうま》は、河原町《かわらまち》の「近江屋《おうみや》」で殺されたのか

――定宿《じょうやど》だった「寺田屋《てらだや》」で暗殺されなかった理由

〈史蹟〉　寺田屋　大黒寺　酢屋（龍馬寓居跡）

〈人物〉　坂本龍馬　お龍　お登勢　西郷隆盛

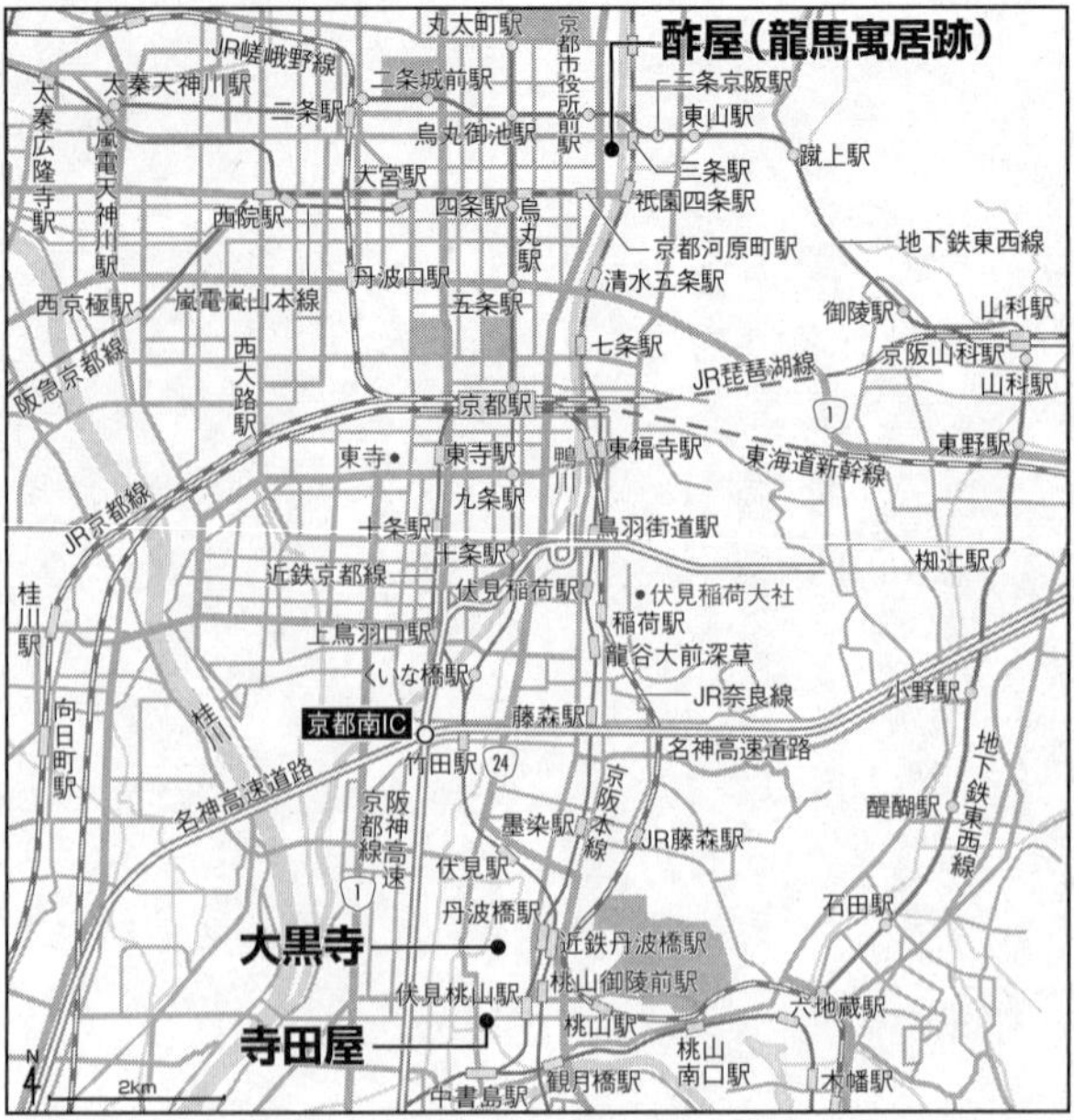
酢屋（龍馬寓居跡）
丸太町駅
京都市役所前駅
JR嵯峨野線
太秦天神川駅
二条城前駅
三条京阪駅
二条駅
烏丸御池駅
東山駅
太秦広隆寺駅
嵐電天神川駅
蹴上駅
大宮駅
三条駅
四条駅
烏丸駅
祇園四条駅
西院駅
京都河原町駅
地下鉄東西線
丹波口駅
清水五条駅
西京極駅
嵐電嵐山本線
五条駅
御陵駅
山科駅
阪急京都線
西大路駅
七条駅
京阪山科駅
JR琵琶湖線
山科駅
京都駅
1
東寺
東寺駅
東福寺駅
東野駅
鴨川
東海道新幹線
九条駅
JR京都線
十条駅
鳥羽街道駅
十条駅
椥辻駅
近鉄京都線
伏見稲荷駅
伏見稲荷大社
桂川駅
稲荷駅
上鳥羽口駅
龍谷大前深草
くいな橋駅
JR奈良線
小野駅
京都南IC
藤森駅
向日町駅
桂川
竹田駅
24
名神高速道路
地下鉄東西線
名神高速道路
京阪本線
京阪神高速
醍醐駅
墨染駅
JR藤森駅
伏見駅
1
石田駅
丹波橋駅
大黒寺
近鉄丹波橋駅
伏見桃山駅
桃山御陵前駅
六地蔵駅
桃山駅
寺田屋
桃山南口駅
N
2km
観月橋駅
木幡駅
中書島駅

誕生日に醤油《しょうゆ》屋で殺された龍馬

河原町《かわらまち》通蛸薬師《たこやくし》下《さが》ル西側、すし屋の前に「坂本龍馬　中岡慎太郎遭難之地」と記した石碑がある。黒ずんでいるのは拓本をとった跡だろうか。

幕末維新史のヒーローはたくさんいるが、第一人者というと、やはり坂本龍馬の名をあげざるをえないようだ。

ヒーローというと、とかく近寄りがたい印象をもたれるものだが、龍馬の場合はぜんぜんそういうところがない。

颯爽《さっそう》としているな、という第一印象にひかれて彼の手紙などを読んでみると、たちまちその魅力の虜《とりこ》になってしまう。それがまず龍馬の真骨頂《しんこっちょう》というものだ。

慶応《けいおう》三年（一八六七）十一月十五日、おなじ土佐《とさ》の中岡慎太郎と二人で河原町通蛸薬師下ルの近江《おうみ》屋という醤油屋にひそんでいたところを襲われ、短くも激しい三十三年の生涯を閉じた。この十一月十五日は龍馬の誕生日でもあった。

一カ月前の十月十四日に十五代将軍の徳川慶喜《とくがわよしのぶ》が大政《たいせい》を返上し、翌日に朝廷の許可がおりて徳川幕府は二百六十五年の幕を下ろした。

政権は朝廷にもどったが、徳川家や譜代《ふだい》の大名の勢力にはほとんど傷がついていないこともあって、新しい政治がどういうことになるのか、政局は混沌《こんとん》としている。

龍馬と慎太郎とは、近江屋の二階で新しい政治の仕組みについて話し合っていて、そこを暗殺者に襲われたのである。

暗殺者は誰か？

事件の直後からあれこれと説が出されてきたが、ちかごろでは京都見廻組《みまわりぐみ》という幕府の警察機関の一員の今井信郎《いまいのぶお》グループの仕業《しわざ》とする説が有力になっている。といって今井説が決定的だとはいえないところがあり、龍馬暗殺をめぐる謎の解明はまだまだ続くにちがいない。

血なまぐさい印象の「寺田屋」

ところで、坂本龍馬の宿というと、近江屋より伏見《ふしみ》の寺田屋《てらだや》のほうがポピュラーで、龍馬は寺田屋で殺されたと思っているひともいるかもしれない。

文久《ぶんきゅう》二年（一八六二）には尊皇攘夷《そんのうじょうい》の志士たちが二手に分かれて斬り合う同

ひっそりと立つ龍馬遭難の地

士討ちの悲劇があったし（寺田屋事件）、慶応二年（一八六六）、龍馬自身も幕府の刺客《しかく》に夜襲をかけられ、愛人お龍《りょう》の咄嗟《とっさ》の機転であやうく命びろいをした。

寺田屋には血なまぐさい印象があるから、龍馬と慎太郎がここで暗殺されたと錯覚するのも無理はないのである。

寺田屋では逃げられたのに、近江屋ではやられてしまった。だからというわけではないが、もし龍馬が寺田屋にいたら、あんなに簡単に命を落とすこともなかったのではないか、という気がしてくる。

そこでまず、伏見の寺田屋のほうから見ていこう。

伏見の京橋《きょうばし》に近い寺田屋は、ここで惨劇があったとは思えない、ささやかな旅館である。

伏見は、瀬戸内海航路の東の終点だった。

九州や四国中国から三十石船で運ばれてきた荷物や客は、ここ伏見で上陸する。

高瀬《たかせ》舟に乗り換えるか竹田《たけだ》街道でまっすぐ京都へ入るものと、山科《やましな》を経て東海道をのぼるものとが、ここ伏見で分かれる。

伏見は瀬戸内海と京都を結ぶ終点であったばかりか、東海道との接点でもあっ

屋形《やかた》船が浮かぶ伏見を流れる宇治《うじ》川

た。瀬戸内海と東海道をむすぶ長い線の、ちょうど真ん中あたりに伏見があり、伏見から数キロ奥に天皇と公家の住む京都があるという位置関係だ。

伏見は京都の表玄関でもある。

幕府は、特別の許可を受けない大名がこの表玄関から奥に入ることを禁じていた。参勤交替の旅の途中で伏見に滞在するのはいいが、京都に入ってはならんとされていた。これもまた伏見の繁栄原因である。

京橋のあたりには船宿や旅籠《はたご》が軒《のき》を並べていた。船便を斡旋《あっせん》する旅行業であり、かつ自分のお客を休憩、宿泊させるサービス業を兼ねるのが船宿で、寺田屋もそういう船宿の一軒だった。武士よりは庶民の客の多い船宿だったらしい。

その寺田屋が、文久二年(一八六二)の寺田屋事件をきっかけにして、血なまぐさい政治の舞台として有名になる事情をさぐってみよう。

軍をひきいて入京した薩摩《さつま》の狙いとは

薩摩藩主島津《しまづ》忠義《ただよし》の父の久光《ひさみつ》は「国父」と呼ばれて実権を握っていた。亡《な》くなった兄の斉彬《なりあきら》の遺志を継ぎ、中央政界に打って出ようとの野心に燃えていて、ついに行動に移った。

武装した軍隊をひきいて京都に乗り込み、まず朝廷から「幕府政治を改革せよ」との勅諚《ちょくじょう》（天皇の命令）を引き出した。そして、勅諚を振りかざして江戸に乗り込み、幕府を相手に大芝居を打とうという作戦だ。

彼の政治路線は尊皇攘夷でもなく、といって佐幕でもない、いわゆる公武合体《こうぶがったい》である。

だが久光を迎える京都には尊攘派の志士が大勢集まっていて、久光の挙兵上京をチャンスに、幕府打倒のクーデターを起こそうと手ぐすね引いていた。

両者の姿勢はまったく反対なのだ、何か起こらずにすむはずがない。

文久二年（一八六二）の四月、久光は軍隊をひきいて伏見に着いた。東堺町《ひがしさかいちょう》にある薩摩藩邸に腰を落ち着けて、入京許可を取るための工作がはじまる。

もちろんスムーズには運ばない。徳川幕府の権力が確立して以来、大名が軍隊をひきいて入京するなんて、まったくありえないことだった。

そんなことは百も承知の久光だから、親戚関係の近衛《このえ》家を通じて工作をつづける。

ごたごたしているうちに、うまい口実が見つかった。「熱烈歓迎・島津久光君!」の大合唱をあげて自分を待ちかまえ、クーデターを起こそうなんていう乱暴な尊攘志士を逆に利用することだ。

「尊攘志士と称する者が集まってきて、おそれながら京都を不安にしておるとのこと、怪《け》しからぬことと存じます。この島津久光が不逞《ふてい》の志士どもを退治してさしあげます。それを名目に入京許可ということでは如何《いかが》でしょう?」

志士については幕府も困っている。尊攘の先頭を走る長州《ちょうしゅう》藩の勢力が朝廷を牛耳《ぎゅうじ》っているのをいいことに、幕府の味方とみた者を片っぱしから天誅《てんちゅう》の血祭りにあげている。久光が志士退治の旗をかかげて入京するのは悪いことではない。

朝廷のなかの佐幕派にも「それならいいではないか」という空気が生まれて、「浪士鎮静」の名目で入京許可の勅諚がくだった。京都所司代《しょしだい》や町奉行も、天皇の許可とあっては表立って反対はできないのである。

ついに久光は一千あまりの軍隊とともに京都の藩邸に入った。

なぜ町人たちは「薩州大明神」と言ったのか

水産物を中心とする市場として錦市場《にしき》の名前は全国的に有名になった。早朝から昼までは旅館・ホテル・料亭などの専門業者を、午後になると一般市民を相手にする一風変わった営業形態が旅行者の興味をひくのだろう。

その錦小路《にしきこうじ》と東洞院《ひがしのとういん》通が交わる西魚屋《にしうおや》町に薩摩藩の京屋敷があった。すぐ南が大丸デパートである。

薩摩藩の京屋敷は、江戸時代のはじめは四条《しじょう》通の南の鶏鉾《にわとりぼこ》町にあったのが、宝暦《ほうれき》年間（一七五一〜六四）に西魚屋町に移転したという。いうまでもなく、元の所在地の鶏鉾町は祇園《ぎおん》祭の鶏鉾を保存する町である。

西魚屋町の名前は寛永《かんえい》年間（一六二四〜四四）の『洛中絵図』に登場しているというから、なかなかの古株だった。それがなにかの都合で営業不振となり、薩摩藩の京屋敷に姿を変えていたわけだ。

京都の大名屋敷は幕末になって急に増えるのだが、それまでにも屋敷を置いていた大名はあった。高級呉服をはじめとする「京都ブランド」の商品を買いつけ

たり、殿さまや若さまの夫人に迎える公家《くげ》の女性を物色する仕事などをやってい
た。政治には関係しない、関係したくともゆるされなかった。
さて、その薩摩藩京屋敷に、江戸時代になってはじめて大名の軍隊が駐屯して
きたのだから物騒なムードになる。
島津久光とその軍隊だけでも厄介《やっかい》なのに、諸国から集まってきた尊攘志士が久
光をかついでクーデターを起こそうと手ぐすね引いているのだ。
所司代の酒井忠義《さかいただよし》は戦闘態勢をととのえ、二条城近辺ではいよいよ合戦になる
との噂がたって、老人や子供は遠くへ避難する騒ぎになった。
悪いことばかりではない。
薩摩屋敷周辺の二十五の町は薩摩勢の臨時の宿舎に指定された。カネに糸目を
つけないお客だったから懐《ふところ》がうるおい、町人たちは「薩州大明神」と感謝した
という話も残っている。
では、島津久光の挙兵入京を待ち受けていた尊攘志士はどうしたか？

薩摩《さつま》藩京屋敷の碑はデパートの入り口に

続々と集まった〝尊攘の志士たち〟

幕府打倒のクーデター計画に熱中して京都に集まってきた勢力は、まず有馬新《ありましん》七《しち》・柴山愛次郎《しばやまあいじろう》・橋口壮介《はしぐちそうすけ》・西郷信吾《さいごうしんご》・大山巌《おおやまいわお》などの薩摩グループである。西郷隆盛《さいごうたかもり》は久光の上京直前に亡命先の奄美《あまみ》大島から呼び返され、計画への協力を命じられた。

挙兵上京には賛成できないとの意見を述べた西郷は、すでに京阪をめざして飛び出してしまった有馬や橋口の同志を抑《おさ》えようとして、無断で出てきてしまった。これが「尊攘派を煽動《せんどう》しようとした」と密告され、怒った久光は西郷を逮捕して鹿児島に送り返してしまう。

西郷と肩を並べるもう一人のリーダー大久保利通《おおくぼとしみち》は久光の手足になっているから、西郷が鹿児島に送り返されたいま、薩摩の志士に「危険だ、中止せよ」と説得できる者はいなくなった。

薩摩のほかには九州久留米《くるめ》の神官の真木和泉《まきいずみ》、筑前秋月《ちくぜんあきづき》の海賀宮門《かいがみやと》、島原《しまばら》の中《なか》村主計《むらかずえ》、但馬出石《たじまいずし》の千葉郁太郎《ちばいくたろう》などがいる。

彼らの中心になったのは有馬新七だが、京都人として田中河内介《たなかかわちのすけ》と息子の瑳磨《さま》介《すけ》も重要な役割を果たしていた。合わせて四十名ほどの同志は、はじめ京都の河内介の家に集まっていたのである。

河内介は公家の中山《なかやま》家に諸太夫として仕えていた人物で、孝明《こうめい》天皇と中山慶子《よしこ》とのあいだに生まれた皇子の祐宮《さちのみや》、つまりのちの明治天皇の養育係をつとめたことがある。

過激な尊攘論をとなえたので河内介は中山家を去ったが、ますます急進的な尊攘論をとなえ、同志の中心になっていた。

中山慶子の弟の忠光《ただみつ》、つまり明治天皇の叔父に当たる人も過激な尊攘青年公家として名をはせていて、寺田屋事件のあった翌年に大和《やまと》五条《ごじょう》で決起した天誅《てんちゅう》組の首領になり、最後には長州で暗殺されてしまう。

あれやこれやと話題を提供したのが中級公家の中山家であった。その中山家の屋敷跡は御所《ごしょ》の今出川《いまでがわ》門の東にあって、一隅には明治天皇誕生にさいしてわざわざ掘られた「祐《さち》の井」が残っている。

話はさかのぼるが、島津久光の入京が迫ると、それに先立って幕府が志士の逮捕に踏み切るという噂が流れた。久光が「浪士鎮圧」を名目に入京するのは幕府の面目《めんぼく》を失わせることだから、先手を打って失地挽回をはかる可能性は高かった。

そこで薩摩の伊牟《いむ》田尚平《たしようへい》が使者になって錦小路の薩摩屋敷に行き、「かくまってほしい」と要求した。

留守居役としては、とても承知できる話ではない。主君久光の意向に背《そむ》いて幕府打倒のクーデターをやろうという姿勢がはっきりしており、そのうえ彼らの周辺には素性の怪しい浪人志士が取り巻いている。

「京都は危険だ。カネは出すから大坂へ行ってくれ」

留守居役の忠告にしたがって一同は大坂へ移っていった。久光の到着しないうちに幕府に逮捕される愚は避けようというわけだ。

大坂の留守居役も拒否したのだが、久光の寵愛《ちようあい》のあつい堀次郎《ほりじろう》という者がやってきて説得した結果、大坂薩摩屋敷の二十八番長屋に収容されることになった。ここで拒否すると志士たちはバラバラになり、いざというときのまとまりが厄介になる——堀次郎はそう考えたのである。

「明治天皇誕生地」の碑が建つ祐《さち》の井（右）

志士仲間が演じた激しい斬り合い

さて島津久光は堂々と入京したものの、その後の様子がおかしい。尊皇攘夷、幕府批判などは一言もいわず、あろうことか「浪士鎮圧」を名目に入京許可をとりつけたということさえわかってきた。

はじめは方便だろうと思い、なおも期待していたのだが、「浪士鎮圧」は久光の本心だとわかってきた。

大坂の薩摩屋敷では意見が分裂し、出羽《でわ》の清河八郎《きよかわはちろう》や備前《びぜん》の藤本鉄石《ふじもとてっせき》などはクーデターを断念して去っていった。

去っていくその背中が、「薩摩の尊皇攘夷など、口だけじゃ!」と嘲笑しているように思われ、それが薩摩勢には口惜《くや》しくてたまらない。

「座して瓦解するよりは、撃《う》って出て玉砕《ぎょくさい》すべし!」

そう決議して、まず田中河内介がひとりで京へ向かい、伏見の寺田屋を宿舎とする手筈《てはず》をととのえて帰ってきた。

「宿は寺田屋に決めてきた。目立たぬように寺田屋へ入ってくれよ」

たくさんある船宿のなかでも、寺田屋がもっともにぎわっていたからこそ河内介は秘密の宿舎に選んだのだろう。高級で人数の少ない宿よりは、「木は森に隠せ」というように庶民的でにぎわっている宿のほうが安全だ。

志士たちの大坂脱出を知って、あわてて京へ連絡に走る者、久光が断固として浪士鎮圧の決意をかためたのを知り、決起を中止させようと大坂に船を走らせる者――双方が行き交《か》うあいだを志士たちは三人五人と三十石船に分乗して伏見に向かい、寺田屋の客となったのが四月二十三日の夕方だった。

ほとんど同時に、久光から「反抗すれば斬ってかまわん」と命令された討手九人が伏見街道と竹田街道の二手に分かれて京を出た。

夜の十時ごろ寺田屋に到着し、

「たのむ、中止してくれ！」

「いまさら、止められん！」

止めようとする者、止めてくれるなという者、どちらも仲間なのである。

寺田屋の中で激しい斬り合いになり、七人が即死、重傷の二人が切腹した。

有馬新七は討手の道島五郎兵衛《みちじまごろべえ》を階段の壁に押しつけたが、身体を離せば斬られる、離さなければ刀を使えないという切羽《せっぱ》つまったことになり、同志の橋口吉《はしぐちきち》之丞《のじょう》に叫んだ。

「おい（俺）ごと、刺せ！」

「じゃが、有馬どん！」

「かまわん。背中から、おいごと、刺せ！」

橋口は同志の有馬の背中に、柄《つか》も通れとばかりに刀を突き刺した。

道島と有馬の身体を貫いた切っ先は壁に突き刺さった。二人の決闘のさまは、寺田屋伊助《いすけ》さんがお元気なころは、身振り手振りよろしく語ってくれた。

死者は寺田屋に近い鷹匠《たかじょう》町の大黒《だいこく》寺に葬《ほうむ》られた。この大黒寺はもとは長福《ちょうふく》寺といったのだが、慶長《けいちょう》年間（一五九六～一六一五）に島津家の祈願所となって大黒寺と改名され、薩摩寺と呼ばれていたものだ。

大黒寺は薩摩寺と呼ばれていた――それはまるで寺田屋の悲惨な事件のためにあらかじめ用意されていたかのようだ。ここに埋葬されているのは有馬新七・柴山愛次郎・橋口壮介・弟子丸龍助《でしまるりゅうすけ》・橋口伝蔵《でんぞう》・西田直五郎《なおごろう》・田中謙助《けんすけ》・森山新《しん》五左衛門《ござえもん》・道島五郎兵衛である。碑文は西郷隆盛の筆によるという。

龍馬の定宿《じようやど》として有名な寺田屋で惨劇が…

大黒《だいこく》寺（薩摩寺）に寺田屋事件で死んだ志士が葬られた

龍馬が「寺田屋」を定宿《じょうやど》とした理由

さてこのころ、坂本龍馬は武市瑞山《たけちずいざん》が結成した土佐勤王党に参加して脱藩し、勝海舟《かつかいしゅう》の門下生として海軍術を学びはじめた。

海舟は神戸に海軍操練所をつくって諸藩の優秀な人材を集め、藩の枠組みを超越した「日本の海軍」をつくる仕事に没頭している。

龍馬が脱藩者のままでいるのはなにかと不都合だと考えた海舟は、土佐の前藩主の山内容堂《やまのうちようどう》にたのんで罪を許してもらった。これが文久三年（一八六三）の二月のことで、龍馬が寺田屋を定宿とするようになったのと同じ時期であったようだ。

龍馬は薩摩関係者から寺田屋を紹介されたのだが、そのことは当時の女将《おかみ》お登《と》勢《せ》の娘の回想によって証明される。

慶応元年（一八六五）九月九日づけで高知の姉に送った手紙には、「薩摩のご家来の西郷伊三郎《いさぶろう》の名前で手紙や小包を送ってくれれば間違いなくとどく」と書いている。これによると、龍馬を寺田屋に紹介することについては西郷隆盛が直接指示したか、少なくとも事後の承認があったものだろう。

文久二年の事件の後の寺田屋が、経営困難に陥《おちい》っていたのは充分に推測される。武士が斬り合ったというだけでも旅客に敬遠されて当然のところ、九人ものひとが死んで近くの薩摩寺に葬られているとあっては、庶民の客は怖がって寄りつかない。

六代目寺田屋伊助は旅館経営に本腰の入らない、いってみれば遊び人だったらしいが、女将のお登勢はそんな頼りない夫に代わって一手に切りまわしていた。

事件の後、お登勢は考えたにちがいない——庶民の客は頼りにしない。武士だけ、それも薩摩さま中心でやっていこう、と。

お登勢の息子で寺田屋七代目の伊助は、龍馬がはじめて寺田屋に来たときのことを、こう回想している。

「土佐脱藩の士などというひとは世間をおおっぴらに歩けない時期でしたが、ある日のこと龍馬さまは飄然《ひょうぜん》とお見えになりました。人間が偉大であったのか、母の人となりを聞かれていたのか、すぐに母を二階にお呼びになり、何事か密談しておりました。それから二、三日後に京都へお出かけになったのです」（『寺田屋伊助中立書』意訳）

薩摩関係者が龍馬を寺田屋に紹介したのは、なによりも女将お登勢の人格と識見を信用してのことだ。

故郷への手紙のなかで、龍馬はお登勢のことを高く評価している。

「伏見寺田屋のお登勢。これは長州のひとや、国家のことに志《こころざし》のあるひとなら誰でも力を貸してもらっているほどの女性であります。もちろん学問でも、十人なみの男には負けないものをもっています」

これほど信用したお登勢だからこそ、龍馬は愛する妻のお龍《りょう》の身を託したのだ。

ところで、お龍という女性はどういう境遇の女性であったのか。

お龍《りょう》の機知で難を逃れた龍馬

お龍の父は楢崎将作《ならざきしょうさく》といい、長州にゆかりのある武士の家柄であったという。

将作の祖父《じい》が京都に出てきて剣術の師となり、孫の将作は医師になった。青蓮院宮《しょうれんいんのみや》の侍医をしていたというから、なかなか格の高い医師であったらしい。

将作は安政《あんせい》の大獄《たいごく》で倒れた梁川星巌《やながわせいがん》や紅蘭《こうらん》、頼三樹三郎《らいみきさぶろう》や池内大学《いけうちだいがく》と交際があった。将作もまた大獄に倒れたという説があったが、ちかごろでは文久二年（一八六二）死亡説が有力だという。尊皇攘夷の思想はもっていたが、積極的な活動はしていなかったようだ。

父を失ったお龍は母と四人の弟妹をかかえて女中奉公をしていたが、そのうちに龍馬と知り合ったらしい。

裕福な医師の娘として育ったから鷹揚《おうよう》な性格だが、いざ稼がなくてはならんとなったら女中奉公も厭《いと》わない。その現実的なところが龍馬の恋心を刺激した。

東奔西走で席のあたたまる暇もない龍馬だから、新所帯をかまえるわけにもいかない。そこで龍馬はお龍を「春」という名で寺田屋に住みこませ、お登勢の養女ということにしてもらった。

そして慶応二年（一八六六）一月二十三日、第二の寺田屋事件が起こるのである。

このころの龍馬は輝いていた。

前々日の二十一日には二本松《にほんまつ》の薩摩藩邸で画期的な薩長倒幕同盟を締結させた。

文久二年に島津久光が意気高らかに挙兵上京してきたとき、カネに糸目をつけずに買い込んだのが二本松の新しい薩摩藩邸で、ここは御所のすぐ北隣りだということだけでも島津久光の鼻息の荒さがわかる。

「これで、うまくいく。幕府の息の根はとまったもおなじ！」

翌々日に寺田屋にもどったのだが、その夜、伏見奉行の配下に襲われたのだ。

龍馬は長州の三吉慎蔵《みよししんぞう》と二人で二階の部屋にいた。薩長同盟が締結されるまでの苦労話などをして、風呂にも入り、そろそろ寝ようかというところだった。

下のほうで奇妙な足音がするのには気づいたが、刺客とは知らない。

お龍が一人で風呂に入っていると、外でコツンコツンと音がする。

おかしいと思うまもなく、風呂の外からニューッと槍が突き出された。

「女が風呂に入っているのに槍なんか……いったい誰なの！」

二階の龍馬に聞こえるようにわざと大声で怒鳴り、風呂から飛び出して濡れたままの身体に袷《あわせ》をひっかけ、帯もしない裸同然の姿で庭を走って裏階段から二階に上がった。

お龍の声で気づいた龍馬は大小を差し、長州の高杉晋作《たかすぎしんさく》から贈られた六連発のピストルをかまえて待ちかまえていた。三吉は槍をかまえていた。

刺客は階段を上がってくる。

次の間でもミシミシ音がするのは二手に分かれて攻撃する態勢だとわかった。

「お龍、襖《ふすま》をはずせ！」

「はいっ！」

お龍が襖をはずすと案の定、次の間には十人ほどの敵が武器を手にかまえていた。

狭い部屋の入口で戦闘がはじまった。龍馬はピストル、三吉は槍で戦う。

三発目を撃ったあとで龍馬は左右の手に傷を受けた。四発目を発射したが、これは命中したかどうかわからない。

ピストルは六連発だが五発しか弾丸をこめていないから、残りの一発でキメなくてはならない。

敵のリーダーらしい男が壁を背にして立っていたので、三吉の肩を台座にしてピストルを安定させ、男の胸に照準を当てて引き金を引くと、男は眠るように倒れた。

弾丸を詰め替えようとしたが、負傷の指が思うように動かない。

「だめだ、ピストルは捨てたぞ！」

「よーし。斬り込みましょう！」

「そりゃ、いかん。逃げるのじゃ！」

外の階段を下り、隣りの家のなかを走り抜けて材木置き場で隠れ、安全を確認してから伏見の薩摩藩邸に入った。お龍も後から逃げてきた。

龍馬が襲撃されたと聞いた西郷隆盛は、伏見に一小隊を派遣して警護にあたらせ、二十九日になってから三人を京の薩摩屋敷に引き取った。

二本松の薩摩屋敷に着いたときの様子を、お龍は回想する。

「京都へ着くと西郷さんが玄関へ飛び出して、『よう来た〳〵。お龍、今度はお前の一番手柄だ。お前が居《い》なかったら皆の命が無いのだった』と扇《おうぎ》を開いて煽《あお》りたて、ソラ菓子だのお茶だのってたいそう大事にしてくれました」（『千里駒後日譚』）

薩摩屋敷で傷の養生をしているうち、中岡慎太郎や西郷などが言い出して龍馬とお龍を正式の夫婦にした。

この夫婦は日本ではじめて新婚旅行をやったという輝かしい記録をもっているのだが、そのスタートは京都の二本松、つまりいまの同志社大学のあるところで切られたわけだ。

なぜ「酢屋《すや》」が、海援隊の本部となったか

その後また龍馬は脱藩してしまうが、慶応三年（一八六七）四月の上旬に脱藩の罪をゆるされ、「土佐海援隊」の隊長になった。

いまの商社と海運業のような仕事をする藩営の機関が海援隊である。おなじころに「土佐陸援隊」も生まれた。隊長は龍馬の親友の中岡慎太郎で、京都の本部は郊外の北白川《きたしらかわ》に置かれた。

京の土佐藩邸は河原町通と高瀬川のあいだの、蛸薬師《たこやくし》通が突き当たる位置にあった。いまでは京都の繁華街の真ん中である。

慶応三年六月、日本の新しい政治構想として有名な「船中八策」を抱いて長崎から京都に着いた龍馬は、河原町通三条下ル一筋目東入ルの材木商「酢屋」を宿舎とした。

この「酢屋」はいまもあり、表に「坂本龍馬寓居《ぐうきょ》之跡」の石碑と説明板がある。ここが土佐海援隊の京都本部だったのだ。

この狭い通りは「車道《くるまみち》」の通称があり、龍馬も手紙に「車道の酢屋」と書い

ている。

三条大橋は牛車《ぎっしゃ》が通ってはいけないことになっていた。車の重みで橋板が壊れるのを防ぐためである。車は大橋のすぐ下流で川のなかに入り、ジャブジャブと川を渡って向こうに上がることになっていた。

三条通から鴨《かも》川に降りる車のバイパス、それが「車道」という通称の由来だ。鴨川の水面は低いから、車道からいきなり川には降りられない。そこで、なだらかな斜面がつくられた。酢屋を左手に見て車道を東に進み、高瀬川を越えてなおも行くと鴨河原に出るが、そこが坂道になっているのがわかるはずだ。

さて、ところで土佐藩邸が目と鼻の先にあるのに、なぜ龍馬は藩邸に入らなかったのか？

龍馬は脱藩者である、だから藩邸に入るのは許されなかったのだという説があるようだが、このときの龍馬は脱藩者などではなくて堂々たる土佐の代表者だ、藩邸に入れない理由はない。

では、なぜ藩邸に入らず、すぐ近くの酢屋を宿舎としたのかというと、ここが海援隊の京都本部になったからだ。

海援隊はれっきとした土佐の機関ではあるが、仕事の性格からして土佐藩から

維新を見ずに散った坂本龍馬

殺される５日前まで、龍馬は酢《す》屋《や》に潜伏していた

は自由である体裁《ていさい》をとりたい。それが藩邸から離れたところに本部を設けた理由なのである。

土佐藩は薩摩や長州の後についていちおうは倒幕勢力ということになっていたものの、薩摩や長州からは警戒の目で見られていた。幕府に大政奉還を進言して承知させた経過からして、「土佐は平和路線を放棄してはいないのではないか」といった疑惑が消えないのである。

土佐があくまで平和路線の実現に向かって努力するなら、薩摩や長州が決意している武力倒幕の行方《ゆくえ》はむずかしいことになる。

龍馬は行動の自由がほしい。幕府はもちろん、薩摩や長州から疑惑の目で見られるのも避けたい。それには土佐藩邸ではなく、土佐海援隊の本部にいるほうが都合がいいのである。それはたとえば、商社のロンドン支局とロンドン日本大使館の相違を考えればわかることだ。

「近江屋《おうみ》」に移った龍馬の油断

徳川慶喜が大政を奉還して幕府は倒れたが、新しい政治体制を模索する各派の鍔《つば》ぜり合いはかえって激しくなる。

自分の身に危険が迫っているのを龍馬ははっきりと感じていた。大政奉還から二十日ばかりして、酢屋から少し南の醬油屋「近江屋新助」方に住まいを移したのも、危険を避けるためにほかならない。

もしこのときに藩邸に移っていたならばとはだれしも思うところだが、このもしは絶対にありえない仮定だった。

なぜかというと、この時点の龍馬は「土佐藩の坂本龍馬」よりはむしろ「土佐海援隊の坂本龍馬」だったからだ。

そして京都では、たんなる土佐藩よりは土佐海援隊のほうが政治パワーに富む組織として評価されていて、隊長の龍馬なしには土佐藩は発言権がないに等しかったのである。

だから龍馬は藩邸ではなく、藩邸の外に宿舎をかまえる必要があった。藩邸に閉じ籠もるのは、龍馬自身の政治的存在を軽くしてしまうおそれがあった。

存在の重さを維持しつつ危険を避ける、そのために酢屋から近江屋へ移ったわけだ。

近江屋でも警戒は怠《おこた》らなかった。

裏庭の土蔵に密室をつくって龍馬の部屋とし、いざという場合には西裏の誓願《せいがん》寺に脱出する抜け道まで用意したのだ。力士あがりの藤吉という男が、三度の食事をふくめてすべて龍馬の身辺の世話をする態勢もととのえられていた。

運がわるいというのは致し方ない。

この日の龍馬は風邪をひいていて、新助や藤吉が止めるのもきかず、密室から母屋《おもや》の二階の奥の部屋に移っていたのだ。

風邪をひいていれば剣を使うのも思うにまかせないわけだから、普段よりはもっと警戒すべきであった。

そのうえ彼は、寺田屋では命を救ってくれたピストルを懐に入れていなかったようだ。油断があったというしかない。

2章

なぜ清水寺《きよみずでら》は、命がけで西郷隆盛《さいごうたかもり》を助けたのか

——境内の茶屋に伝わる〝安政《あんせい》の大獄《たいごく》〟秘史

〈史蹟〉清水寺　成就院　忠僕茶屋　舌切茶屋

〈人物〉西郷隆盛　月照　島津斉彬　井伊直弼　徳川慶喜

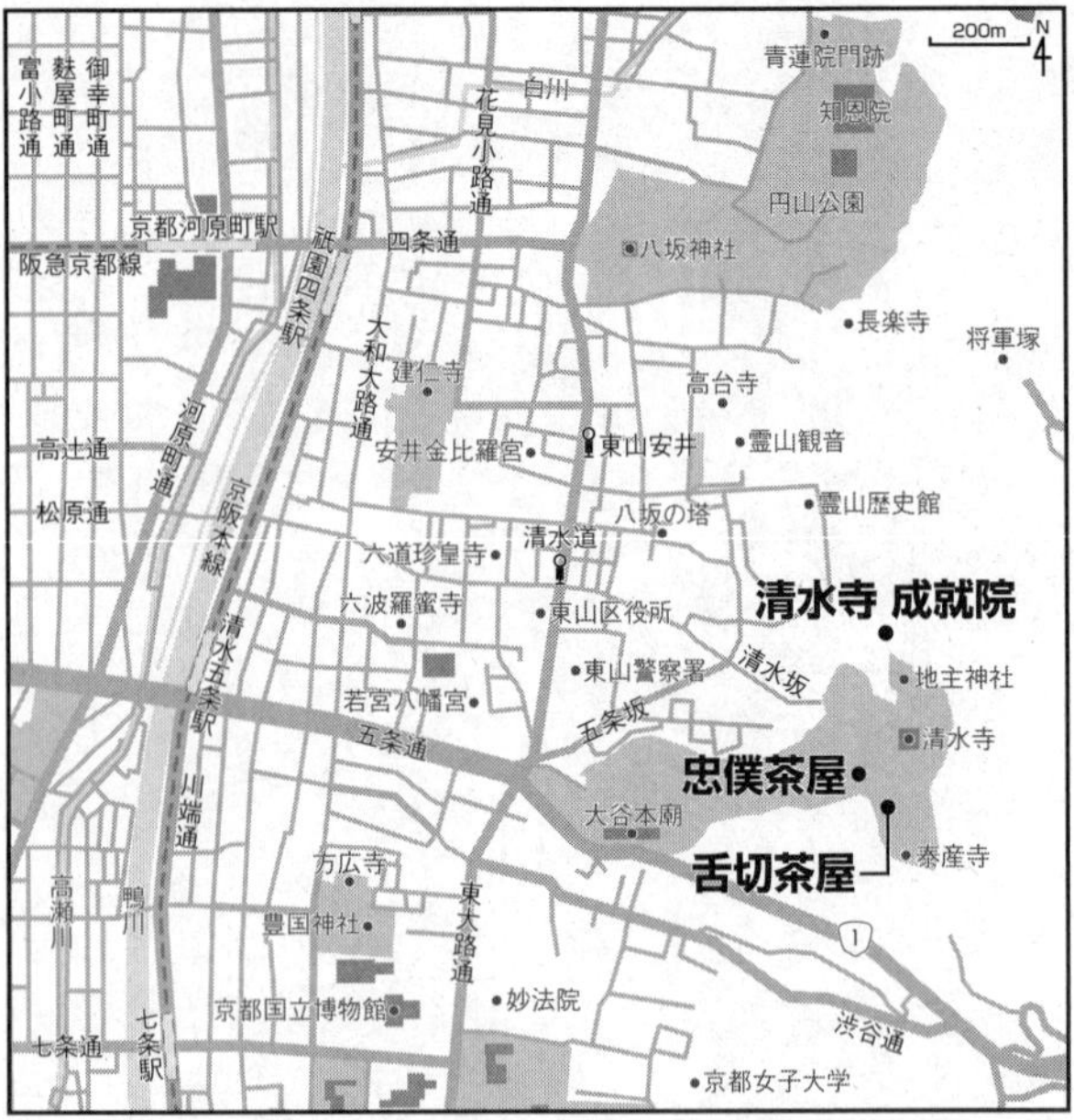
200m
N
青蓮院門跡
知恩院
円山公園
八坂神社
白川
花見小路通
御幸町通
麩屋町通
富小路通
京都河原町駅
阪急京都線
四条通
祇園四条駅
大和大路通
建仁寺
長楽寺
将軍塚
高台寺
河原町通
高辻通
安井金比羅宮
東山安井
霊山観音
霊山歴史館
松原通
京阪本線
八坂の塔
清水道
六道珍皇寺
六波羅蜜寺
東山区役所
清水寺 成就院
清水五条駅
東山警察署
清水坂
地主神社
若宮八幡宮
五条坂
五条通
清水寺
忠僕茶屋
川端通
大谷本廟
泰産寺
舌切茶屋
方広寺
高瀬川
鴨川
豊国神社
東大路通
1
妙法院
京都国立博物館
渋谷通
七条通
七条駅
京都女子大学

清水寺《きよみず》の隠れた名所・二軒の茶屋

観光寺院ナンバーワン、それはやはり清水寺のようだ。

京都はじめてというひとを案内するときには、「まずは清水寺から、ですな」ということになる。

「清水の舞台からとびおりる」で有名な本堂の舞台や、奥の院からの眺望のすばらしさは他の追随をゆるさない。東大路《ひがしおおじ》からの登り道の風情《ふぜい》も、「アア、京都だな！」といった気分にさそう。

外国の賓客《ひんきゃく》が来ても、清水寺に行くプランがないと知ると、「なんでやろ？」と首をかしげるのが京都人だという分析もある。

さて、清水寺の舞台から奥の院にまわり、音羽《おとわ》の滝の水で身をきよめての帰り道、左手にかわいらしい二軒の茶屋がならんでいる。

「忠僕《ちゅうぼく》茶屋」と「舌切茶屋」――あちらにもあるこちらにもあるという、ただの茶屋とは茶屋がちがう。

幕末政治史の第一幕は安政の大獄（一八五八）の悲劇でいろどられているが、

二軒の茶屋はその悲劇の証人なのである。

清水寺の本坊は成就院《じょうじゅ》といい、成就院の住職が清水寺を代表するしきたりだった。

当時の成就院住職は月照上人《げっしょうしょうにん》で、大獄の起こった安政五年（一八五八）には四十六歳だった。住職になってから二十三年目である。

月照は尊皇攘夷の思想に共鳴し、朝廷に無断で条約に調印した幕府に対する激しい怒りに燃えていた。

関白につぐ地位の内覧《ないらん》の役にあった近衛忠熙《このえただひろ》は公家のなかでは少数派の反幕、尊攘派であったが、月照はこの近衛忠熙と連絡をもった。忠熙と月照の活躍が、ややもすると幕府寄り、条約容認にかたむきがちの朝廷の尊攘路線を支えていた。

武士のなかでは薩摩の西郷隆盛との関係が深かった。薩摩の島津家と近衛家とは古くから親戚関係にあったからである。

近衛忠熙―月照―西郷の三人が中心になって、京都で幕府反対の政治運動を展開した。

テーマはふたつ。

清水寺の舞台はつねに観光客で溢れている

まず第一に、朝廷に無断で条約に調印してしまった幕府の態度を非難すること。第二には次の征夷《せいい》大将軍に一橋慶喜《ひとつばしよしのぶ》を押し立てることである。慶喜は水戸《みと》の前藩主の徳川斉昭《なりあき》の子で、いまは一橋家の当主になっている。

ふたつのテーマは別々のものではない。

朝廷の勅許《ちょっきょ》も受けずに条約に調印してしまうような幕府はそもそもケシカランのであり、日本の未来をまかせるわけにはいかない。

幕府を変えねばならない。

それには幕府を指導する将軍が飾りものの人形であってはならず、名実ともに指導者の人格と識見をそなえた人物でなければならない。その理想的な人物としては一橋慶喜のほかにありえない、という意見なのである。

慶喜を囲む幕末最強メンバー

一橋慶喜の人格識見がすぐれているのは多くのひとの認めるところだが、徳川斉昭の子であるのもそれに劣らず重要だ。

斉昭は以前から熱心な尊皇攘夷論者で、かつまた「オレは水戸の斉昭だぞ！」

という猛烈な自負心に燃えていた。先祖はあの有名な天下の副将軍、ピンチになると「この印籠《いんろう》が目に入らぬか！」とキメる、水戸黄門《こうもん》こと徳川光圀《みつくに》である。

幕府の弱体化がはっきりしてきたいまをチャンスとみて、中央政界に打って出たいという熱に燃えている。ただし江戸城大奥のなかで斉昭は嫌われ者のナンバーワンだから、自分が将軍になれないのは心得ていて、自分の代わりに人望高い息子の慶喜を送り込もうと計画していた。

そういうわけで、近衛忠熙―月照―西郷の勢力は徳川斉昭にもつながっていて、その斉昭の背後には幕府の独裁が気に入らない越前《えちぜん》の松平慶永《まつだいらよしなが》（春嶽《しゅんがく》）や宇和島《うわじま》の伊達宗城《だてむねなり》、備後福山《びんごふくやま》藩主で老中をつとめている阿部正弘《あべまさひろ》などがひかえている。

もちろん西郷のうしろには傑物大名ナンバーワンの島津斉彬《なりあきら》がいるというわけで、いわゆる「幕政改革派大名連合」の政治パワーは、幕府としてもあなどれない強力なものになっていた。

彼らの頼みは孝明《こうめい》天皇である。天皇が攘夷の意志をつよくもっているのが頼みだ。天皇の口から、「開国してはならん、つぎの将軍は一橋慶喜が適当と思うぞ」と明言してほしい。したがって京都が政治の舞台になる。

京都が政治の舞台になったといっても、大名は勝手に京都に入れない。内覧の近衛忠熙は京都にいるが、自分の思うように行動する自由はない。彼らの手足となって京都で活躍するのが月照であり西郷隆盛であり、越前《えちぜん》の橋本左内《はしもとさない》や水戸の京都留守居役の鵜飼吉左衛門《うがいきちざえもん》と幸吉《こうきち》の父子といった第一線の行動グループなのだ。

薩摩の京都屋敷は東洞院《ひがしのとういん》通と錦小路が交わる西魚屋《にしうおや》町にあった。いまの大丸デパートの北にあたる。だが、このときの西郷は藩邸ではなく、少し東、柳馬場《やなぎのばんば》通錦小路上ルの「鍵直」という旅館に泊まっていた。薩摩藩士としてよりは、藩主島津斉彬《なりあきら》の個人的な使者として行動していたからだろう。

水戸の京都屋敷は上長者町《かみちょうじゃまち》通と下《しも》長者町通のあいだの室町《むろまち》東入《い》ルにあった。御所の蛤《はまぐり》御門《ごもん》のすぐ西である。いまは京都放送（ＫＢＳ）という放送局になっていて、すぐ南に護王《ごおう》神社がある。

越前の京都屋敷は堀川《ほりかわ》通の二条下ル、二条《にじょう》城の真東に面していた。

月照上人の住まいといえばもちろん清水寺の成就院ということになるが、じつをいうと、このころ月照は成就院に住むことは少なく、東福《とうふく》寺の塔頭《たっちゅう》「即宗《そくしゅう》院《いん》」のなかの「採薪亭《さいしんてい》」という別荘や、円山《まるやま》公園の奥の長楽《ちょうらく》寺の「云云庵」、あ

晩年、徳川慶喜《よしのぶ》はめったに人に会おうとはしなかった

るいは洛北の円通寺《えんつう》など、市内各所を転々としていた。清水寺の代表僧、成就院住職の月照が、なぜ、という疑問がわくところだろうが、それについては先にいって読んでもらうことになる。

幕府の切り札「不時登城《ふじとじょう》」とは何か

ちょっと話をもどそう。

孝明天皇は歴代のなかでも稀《まれ》にみる傑出したリーダーシップをもっていた。朝廷の攘夷派はその孝明天皇を中心にしてはりきる。

幕府は条約調印を勅許してほしいと願っているのだが、見通しは暗い。勅許なんか簡単にとれると思ってやってきた老中の堀田正睦《ほったまさよし》はすごすごと江戸に帰っていった。

条約勅許をめぐる政争は江戸と京都の争いでもあった。

第一幕は京都が勝ったような感じだが、このまま江戸がだまって引っ込むわけがない。彦根《ひこね》藩主の井伊直弼《いいなおすけ》が幕府の大老になってつぎの幕をあける。

安政五年（一八五八）四月に大老になった井伊は、さっさと日米条約に調印してしまう、もちろん朝廷の勅許なしに。

幕政改革派の大名はチームを組んで一斉に江戸城に乗り込み、

「勅許なしに調印するとはケシカラン！」

「内政は幕府の専権事項かもしれんが、外交では朝廷が上位じゃ！」

「勅許なしの調印は無効である、すぐさま取消しを通告せよ！」

口々に責《せ》め立てた。

井伊はどう対応したかというと、

「これは不時登城である、したがって全員処分！」

とやった。

大名が登城して将軍に挨拶する日はそれぞれ決まっていて、それ以外の日に登城する必要が起これればややっこしい手続きをして臨時の許可を受けなくてはならない。

許可なしに登城すれば、「不時登城」という名の違法行為とみなされる。

大名たちは依然として敵対関係にある、関《せき》ケ原《はら》の合戦からあとは休戦しているだけだというのが江戸時代の日本だから、許可なしに江戸城に押しかけるのは戦闘行為にほかならないという解釈だ。これはこれでおもしろい問題なのだが、本筋にもどる。

井伊は紀伊《きい》藩主の徳川慶福《よしとみ》（家茂《いえもち》）を次の将軍とさだめて発表し、改革派が擁立していた一橋慶喜をたたき落とした。

そのつぎに「不時登城」の罪名を振りかざして改革派大名を処罰した。水戸の徳川斉昭と慶篤《よしあつ》（現藩主。慶喜の兄）、一橋慶喜、尾張《おわり》の徳川慶恕《よしくみ》、越前の松平《まつだいら》慶永《よしなが》らが謹慎《きんしん》を命じられた。いまならさしずめ別件逮捕だが、改革派大名が受けた謹慎処分ははるかにきびしい。政治活動の途《みち》が閉ざされるのである。

西郷隆盛の任務は〝時間かせぎ〟

ところで、処罰された改革派大名のなかに薩摩の島津斉彬の名前がないのに注目してほしい。

斉彬は前の年から鹿児島に帰っていた。参勤交替である。

もし江戸にいれば、血の気の多い彼のこと、先頭に立って江戸城に押しかけ、不時登城の罪で身動きできぬ境遇に落とされていたおそれがある。

超大国クラスの大名のなかでは島津斉彬だけが無傷で残っている。

彼はヤル気だった。

鹿児島に帰ったのは参勤交替の制度によるものだが、彼はこれをチャンスに軍隊を連れて江戸に戻り、幕府に圧力をかける計画をもっていた。

鹿児島に帰るとまもなく、改革派大名連合の柱ともいうべき老中阿部正弘の病死を知ったが、気を落とすことなく、西郷隆盛を江戸に送り出した。

改革派の瓦解《がかい》をふせぐのが西郷の仕事だ。斉彬が充分な計画と軍隊を連れて江戸に戻れば、改革派に強い柱ができる。それまでは西郷が時間をかせがねばならない。

阿部に代わって登場した井伊直弼を、西郷は「強敵出現」と判断し、そのように斉彬に報告する。

「さようか、井伊は手強《てごわ》い相手らしい。さだめし朝廷に圧力をかけるにちがいないから、わしが軍隊を連れて乗り込むのは江戸ではなくて京都になるかもしれん」

安政五年（一八五八）になると、西郷は江戸と京都を忙しく往来する日々となる。越前の橋本左内もいっしょで、京都では月照との連絡が激しくなる。

そして六月からは、井伊大老が矢つぎばやに打ち出す強硬策の前に打ちのめされる。メッタウチといった感じの、悲惨このうえない第二幕の敗北であった。

臨時ニュース――斉彬《なりあきら》死す

幕府が改革派大名を処罰したのは安政五年七月五日のことで、西郷はそれを大坂で知った。めまぐるしく変化する政情を報告するために鹿児島に帰り、劣勢挽回の大役をおびてふたたび京阪に戻ったのである。

すぐに鍵直旅館に入り、梁川星巌《やながわせいがん》や春日潜庵《かすがせんあん》らの志士と今後の行動についてうちあわせをしていると、鹿児島から急報がとどいた。

島津斉彬が急死！

六月のはじめに、鹿児島の磯《いそ》の屋敷で斉彬は西郷と会見している。

「いよいよ非常の手を打たねばならぬ」

「私はひとあし先に出かけ、京都でお待ちします」

軍隊を連れて京都に乗り込んでくるはずの斉彬が、七月十六日に死んだという。信じたくはないが、信じなければならない。

「死のう、それしかない」

幕末、政治の中心となった御所

殉死を決意した西郷を思いとどまらせたのが、月照であったという。

そして、「じつは……」と、新しい計画が進んでいることを西郷に告げたのも月照であったろう。

「水戸を生き返らせる計画なのです」

「水戸が、生き返る？」

近衛忠熙と三条実万《さんじょうさねつむ》のふたりは、孝明天皇から幕府と水戸に対する勅諚《ちょくじょう》を引き出そうと計画していた。

「当方の許可なく条約に調印したのは遺憾《いかん》である。将軍は賢明だが、閣僚どもが心得違いしておるのではなかろうか。今後は気を入れかえて政治を行なってほしい」（意訳）

文章はおだやかだが、強烈な幕政非難である。

おなじ勅諚を幕府と水戸に出しておいて、べつに水戸には密勅を添える。

「天皇は国家の大事とおぼしめされ、徳川を援助なさるお気持ちである。充分に協議をつくして国家の安泰のため働いてほしい。この趣旨を列藩一同、三家・三卿・家門の大名に、隠居の者もふくめて伝えよ」

表向きの勅諚と秘密の勅諚とをあわせて読めば、こういうことになる。

「幕府の処罰なんかけっとばして政界に再登場せよ。諸大名を集めて幕政改革の運動に立ち上がれ！」

西郷の自殺を防ぐには

殉死を思いとどまった西郷に、月照は新しい使命を提示した。

「水戸がこの勅諚を受け取り、ふたたび立ち上がる意志と態勢があるかどうか、打診してくれませんかな？」

『大西郷全集』の「伝記」によると、水戸の内情を打診する策は西郷が考えて月照に相談したことになっている。しかしわたしは、実際には逆だったろうと思う。当時のふたりの地位を考えると、西郷のほうがはるかに格下なのだから。

「この男を自殺させてはならん。重い使命を提示すれば、それを生き甲斐《がい》に自殺を思いとどまるはずだ」

水戸の内情打診――それは西郷を生かすために月照が考え出した戦術にちがいない。

「わたしが参ります。江戸の水戸屋敷に行きましょう」

それは、「わたしは死にません」と月照に約束したことでもあった。

西郷はまたまた江戸に向かった。

懐《ふところ》には月照を通じて受け取った近衛忠熙と三条実万から水戸へ宛てた「封物」がある。水戸の意向を打診する内々の勅諚の文書を暗号で「封物」と呼んだらしい。

江戸に着いたが、水戸屋敷はきびしく警戒されている。警戒をかいくぐって重役に接近してみたが、勅諚を受け取れる雰囲気ではない。幕府反対の先頭に立つなど、まったく期待できない。

これはダメだと判断した西郷は、大切な封物を薩摩の有村俊斎《ありむらしゅんさい》に託して京都に送り返し、自分はしばらく江戸にとどまって幕府の出方をさぐることにした。

西郷が江戸に向かったあと、朝廷は正式に勅諚の降下を決議した。

勅諚の密書を水戸の京都留守居役鵜飼吉左衛門の息子の幸吉と、水戸生まれの薩摩藩士の日下部伊三次《くさかべいそうじ》がきびしい警戒の網をくぐって江戸にとどける。幸吉は水戸藩大坂蔵屋敷に勤める小瀬伝左衛門《こぜでんざえもん》と変名した。

スパイのミスで大獄が始まった

ところでそのころ、京都の高倉通御池下《たかくらおいけ》ルに大黒屋庄次郎《だいこくやしょうじろう》という飛脚《ひきゃく》問屋があって、これが水戸の御用達《ごようたし》をつとめていた。スパイに目をつけられる立場だ。井伊大老が京都に放ったスパイは、長野主膳義言《ながのしゅぜんよしとき》という。彼が女性スパイの村山たかと組んで志士を血まつりにあげる様子については『京都の謎』シリーズ第一巻を読んでいただきたい。

長野ははやいうちに大黒屋を買収し、志士たちの機密文書の内容をスパイさせていた。鵜飼と日下部が江戸にとどける密書も長野の手に入っておかしくないところだったが、どういうわけか、密書は江戸の水戸屋敷にとどいてしまったのだ。

長野の大失敗である。

勅諚の密書が水戸にとどいたのを知った幕府は騒然となり、その一端は長野主膳の責任追及の声になって京都にはね返ってくる。

スパイの長野は、どうすればいいか？

「尊攘派の企《たくら》みは、わたくしどもの予想をこえる悪逆なものです。たとえば……」

キャッチした尊攘派の計画を何倍にも誇張し、噂にすぎないものを計画された事実として報告する。スパイというものは、こうしなければ自分の身を守れない。

「はやく手を打たないと、またまた大事件が起こります」という長野主膳の催促に、ついに幕府も弾圧の覚悟をかためた。

まず、きびしいことでは定評のある若狭《わかさ》小浜《おばま》藩主の酒井忠義《さかいただよし》を京都所司代に再任し、つぎには老中の間部詮勝《まなべあきかつ》を特使として京都に送り込んだ。

酒井は安政五年九月三日に着京するとすばやく動き、七日には梅田雲浜《うめだうんぴん》を逮捕した。これが大獄の口火となる。

志士がつぎつぎに逮捕されるなか、間部詮勝が京都に着き、寺町通二条上ルの妙満寺《みょうまんじ》を宿舎とした。大獄強行の本部となった妙満寺は昭和四十三年（一九六八）に洛北の岩倉幡枝《いわくらはたえだ》町に移り、跡地は京都市役所の施設になっている。

「月照のためなら命もいらぬ」

西郷が江戸から戻ったのは八月三十日だった。

宿舎の鍵直旅館には同志があつまり、「いまは何ができるのか」について協議をかさねる。月照もやって来て、「勅諚の写しを多くの藩に送りつけるべし」という意見を述べた。

西郷が梅田雲浜の逮捕を知ったのは九月九日で、月照から教えられたのである。

身の危険のせまったのを知りながらも、なおも京都にとどまる決意をかためていた西郷のところに月照からの使いが来て、「いますぐに近衛家に来てほしい」と言う。

近衛家に行くと忠煕が現われた。

「幕府は月照上人を狙っている。奈良の知り合いに預けたいと思うが道中が危険、守ってあげてほしい」

断わる理由はない。

西郷はひとまず月照を、御幸町《ごこまち》通三条上ルの竹原好兵衛という商人の家にあずけた。竹原は成就院の「銀預かり」、つまり財政運用を引き受けていた。

旅の服装をととのえ、月照、西郷、有村俊斎、月照の下男の重助《じゅうすけ》の四人が竹原の家を出たのは九月十一日未明だった。

それから二カ月後の十一月十六日、月照と西郷は鹿児島の錦江湾《きんこうわん》に身を投げ、月照上人は死んで西郷ひとりが生きのこった。

月照と西郷が伏見で船に乗ったのを見送ったのは近藤正慎《こんどうしょうしん》という成就院の寺侍である。

月照の先代住職は蔵海《ぞうかい》上人といい、月照と正慎はともに蔵海に学んだ兄弟弟子だ。僧として得度《とくど》を受けたのもおなじ日で、正慎は「独朗」という僧名をもらった。

独朗は清水寺の金蔵院の住職になるが、それから道を踏みはずした。女犯《にょぼん》の罪をおかしたらしい。独朗は寺を去り、修験者《しゅげんじゃ》として諸国を放浪した。

やがて成就院住職になった月照が放浪の独朗を寺侍に迎え、近藤正慎という名前でつとめられるようにはからったのである。

正慎は伏見で一行を見送ると、すぐさま月照の身辺の機密書類を焼き捨てた。

そのあとで逮捕され、六角《ろっかく》の獄舎にほうり込まれて拷問される。

月照のためには命を投げ出しても悔いのない正慎である、どんな拷問にもけっして口を割らない。絶食して死んでやろうとしたが失敗し、やむをえずに牢屋の壁に頭をぶっつけ、舌を嚙み切って命を断った。四十三歳だったという。

茶屋の名前が「舌切」になった理由

のこされた家族は妻のきぬと二人の男の子であったという。

政治犯の遺族への世間の風は冷たかったが、政治の風向きが変わると世間や清水寺の扱いも変わり、清水寺の境内に茶屋を出すことをゆるされた。

この茶屋ははじめ「清閑《せいかん》亭」といったらしい。

国道一号線の五条バイパスが東山連峰を横切る北側に清閑寺という寺があり、ここの「郭公《かっこう》亭」という茶室で月照と西郷が秘密の会議をかさねたという話がある。近藤正慎の遺族の茶屋が清閑亭という名で営業をはじめたのは、どうやらこの話に由来するものらしい。

ただし、『月照』の著者の友松圓諦《ともまつえんたい》師は郭公亭における謀議については否定的な見解をおもちになっていて、清閑寺に京都市が立てた説明板のことでも、「何を根拠にこんなことを書いているのか自分には一向納得がゆかぬ」（吉川弘文館人物叢書）としている。

謀議は人目をしのんでやるもので、なるほど町から遠い清閑寺はうってつけだが、なんにしても遠すぎる。往復するだけで半日もかかるようでは謀議の場としては適当ではないともいえる。

そういうわけで、清閑亭という名の由来にはしっかりしたところがなく、弱いものだった。

「近藤正慎の遺族の茶屋？　それなら『舌切茶屋』の名がふさわしいではないか。清閑亭なんて、取ってつけたようで坐りがわるいよ」

いつとなく、だれ言うとなく「舌切茶屋」の名が定着したのだろう。

「スズメのお宿って、ここにあったんですか？」

「はあ……？」

「だって、舌切りスズメのお伽噺《とぎばなし》と関係あるんでしょう？」

突拍子もない質問をする観光客もあるそうだ。まさに平和そのもの。

近藤正慎の墓は、東山区下河原町の青龍寺《せいりゅうじ》にある。

観光客が足を休める〝忠僕茶屋〟と〝舌切茶屋〟

残された男・重助の数奇な運命

月照の下男として錦江湾での投身の惨劇を目撃した重助は、主人を失って途方に暮れた。

生きのこった西郷に頼ろうにも、栄誉にかがやく数年後の西郷とはちがい、奄《あま》美《み》大島にのがれてかろうじて命をつなぐ不安な状態だった。

重助はすごすごと引き返した京都でつかまり、六角獄舎につながれて拷問の毎日となる。月照の死が本当かどうか、幕吏は疑惑の目で見ているからだ。

翌安政六年（一八五九）五月にようやく釈放されたが世間の目は冷たく、妻ともどもに苦しい日々を送らねばならなかった。

重助は丹波の高津《たかつ》村、いまは綾部《あやべ》市高津というところの農家に生まれた。大槻《おおつき》という姓があるから、かなりの農家だったらしい。

おなじ丹波出身で清水寺の門番をしていた人の世話で成就院で働くことになり、月照の下男となった。

釈放され、いったんは高津に戻ったが長くはいられずに清水寺に戻り、妻の実

成就院《じようじゆいん》の前に建つ月照《げつしよう》と弟の信海《しんかい》の石碑

家からもらったわずかの手切れ金で境内にささやかな茶屋をひらいたのだそうだ。近藤正慎の茶屋は立派な名前でスタートしたが、重助夫妻の茶屋は名前とてない、粗末なものだったのだろう。

「舌切茶屋」も「忠僕茶屋」も、いつごろ営業をはじめたのかはっきりしたことはわからないが、近藤正慎の妻や重助夫妻が清水寺にもどった時期は推定できる。

井伊大老が江戸城桜田門外《さくらだもんがい》で暗殺されて政局が公武合体に向かい、安政の大獄の犠牲者は名誉を回復された。それが文久二年（一八六二）の九月のことだから、おそらくこのころには近藤正慎の妻や重助夫妻が清水寺にもどってきたにちがいない。

成就院は清水寺参詣《さんけい》のメイン・ルートからちょっとはずれたところにあるので、気づかないひとが多いだろう。

はずれているといっても、経堂から少し北に入ったところだ。秋の特別公開以外は内部は拝観できないが、玄関の前に月照と弟の信海《しんかい》、すこし離れて重助の石碑が建っている。

ストライキで寺の改革を！

さて、ここでまた新しい疑問がわいてくるはずだ――月照はなぜ身の危険をおかしてまでも尊攘派に協力したのだろうか？

だれもが思いつくのは「攘夷護法」、あるいは「勤皇護法」ということだ。西洋列強によって日本が開国させられればキリスト教が入ってきて、仏教は壊滅的な打撃を受ける、それを避けねばならないから攘夷派に協力したのだ、と。

正しい解答だが、充分ではない。

仏教の危機は全国的な規模だから、何千何万という僧侶が「勤皇護法」を叫んで尊攘運動に協力し、あっちにもこっちにも「舌切茶屋」や「忠僕茶屋」ができているはずだが、じっさいにはそういうことはなかった。

ふたつの視点から真相に近づけると思う。ひとつは清水寺の歴史、もうひとつは月照の姿勢である。

清水寺は祈禱《きとう》する寺であった。

祈禱しない寺院はありえないわけだけれども、たとえば比叡山延暦寺《ひえいざんえんりゃくじ》のように、祈禱よりは仏教の総合学術研究に重点を置く寺があるし、法華《ほっけ》宗や浄土《じょうど》宗、浄土真《しん》宗の寺では、僧と信徒の信仰のつきあいに重点を置いていた。法華や浄土教系の寺院は他宗の信徒は相手にしないという特徴ももっている。

清水寺はみずから祈禱し、また祈禱をささげられる寺である。

このころは奈良の興福《こうふく》寺の末寺で宗派は法相《ほっそう》宗だったが（昭和四十年からは北法相宗の本山）、幕府の仏教政策のうえでそういうことになっているだけだ。檀家でない人には祈禱しないとか、祈禱を受けつけないということはなく、いわば誰にでもひらかれているのが清水寺であった。

祈禱をすれば、結果が出る。清水寺の本尊の十一面千手観音に祈禱をささげたら願いがかなった、いや駄目だったというように。

利益《りやく》があるか、ないか、その差は清水寺そのもの、あるいは僧侶のすべての姿勢が真剣なものかどうかにかかっている。

月照上人はこれを問題にした。

開国すれば仏教が衰えてキリスト教が栄えると単純には考えず、むずかしくいうと、主体性が先決だと考えた。

まず自分が僧としてつねに成長することをめざし、つぎには清水寺の内容を立派なものにする。この目標を追求していくことではじめて開国反対の主張が意味をもつということだ。

成就院住職になった月照は、清水寺の改革に手をつけた。

ほかのお寺とおなじように、このころの清水寺もかなり程度が低かったらしい。月照と同期の近藤正慎が女犯の罪に迷ったというのも清水寺の頽廃《たいはい》を示すものだろう。

「戒律の厳守こそわれわれの生命線だ！」

ことあるごとに叫ぶ月照は衆僧にけむたがられ、排斥される。汚濁《おだく》にまみれずに衆僧との緊張関係を維持するために、月照はときに成就院に閉じ籠もり、あるいは院を出て外泊をつづけることが多くなった。

住職のストライキである。ストライキという手段に訴えてまでも清水寺改革の灯《ひ》を燃やしつづけようとしたのだ。

安政年間になってからは、月照は成就院にはほとんど住まなかったといわれる。尊攘運動に熱中していたからというよりも、その逆であろう。清水寺改革の灯を燃やしつづけるためには、外に住んで、外から刺激したほうがいいという判断があったからだ。

それが結果として月照の政治活動を激しいものにしたのである。

公家と大名のパイプ役になった男

宿泊はできないが、月照がしばしば訪れた先でもっとも重要なのが近衛家である。近衛家からもしばしばの清水寺参詣があった。

また近衛家は和歌の家としても重要な地位を占《し》めていた。近衛家の歌会に出席をゆるされるのは歌人として名誉なことだった。若いころから歌道に精進《しょうじん》していた月照は、安政元年（一八五四）から近衛家の歌会に出席をゆるされるようになった。歌人として一流の地位を認められたのである。

古くからの交際に歌道の師弟関係が加わり、近衛家と月照との関係はいっそう深くなった。

そしてまた、成就院と薩摩藩島津家との関係も古い歴史をもっていた。祈禱を依頼し、依頼されるという関係が基礎になっているのだが、そこには謝礼という名目の資金が動くのであり、薩摩の要求とあれば拒否できない立場に成就院は置かれていた。

ひきもきらない清水寺の参詣客

「これこれしかじかのことを近衛さまに通じてほしい。念を押すまでもないが、くれぐれも幕府には知られぬように……」

表だっては不可能な宮中と薩摩の連絡も、成就院月照の手を通せば可能なのだ。

まだほんの下《した》っ端《ぱ》の武士の西郷隆盛が近衛忠煕や宮中に連絡ができたのも、成就院あるいは月照という存在があってはじめて可能になったのである。

幕府は公家と大名との私的な交際を禁止していた。公的な連絡に対しても複雑な手続きの障害をつくって、公武間の連絡を困難なものにしていた。

それをやぶる、公武間のトンネルとなったのが清水寺などの祈禱寺院の存在だった。

清水寺だけが祈禱寺院だったのではない。

たまたま月照という傑出した僧がいたことによって、清水寺は政局の嵐に巻き込まれたわけだ。

ふつうの僧なら尻込みして当然のところだが、月照は尻込みせず、むしろ進んで嵐の渦中に飛び込んでいった。立派な僧でありたいという、ただひとつの目的のために。

3章

なぜ桂《かつら》小《こ》五《ご》郎《ろう》は、新《しん》選《せん》組《ぐみ》に討たれなかったのか

――襲撃された「池田屋」に、彼がいなかった真の理由

〈史蹟〉池田屋跡　蛤御門　大和屋（吉田屋）　山紫水明処
〈人物〉桂小五郎（木戸孝允）　幾松　勝海舟　高杉晋作

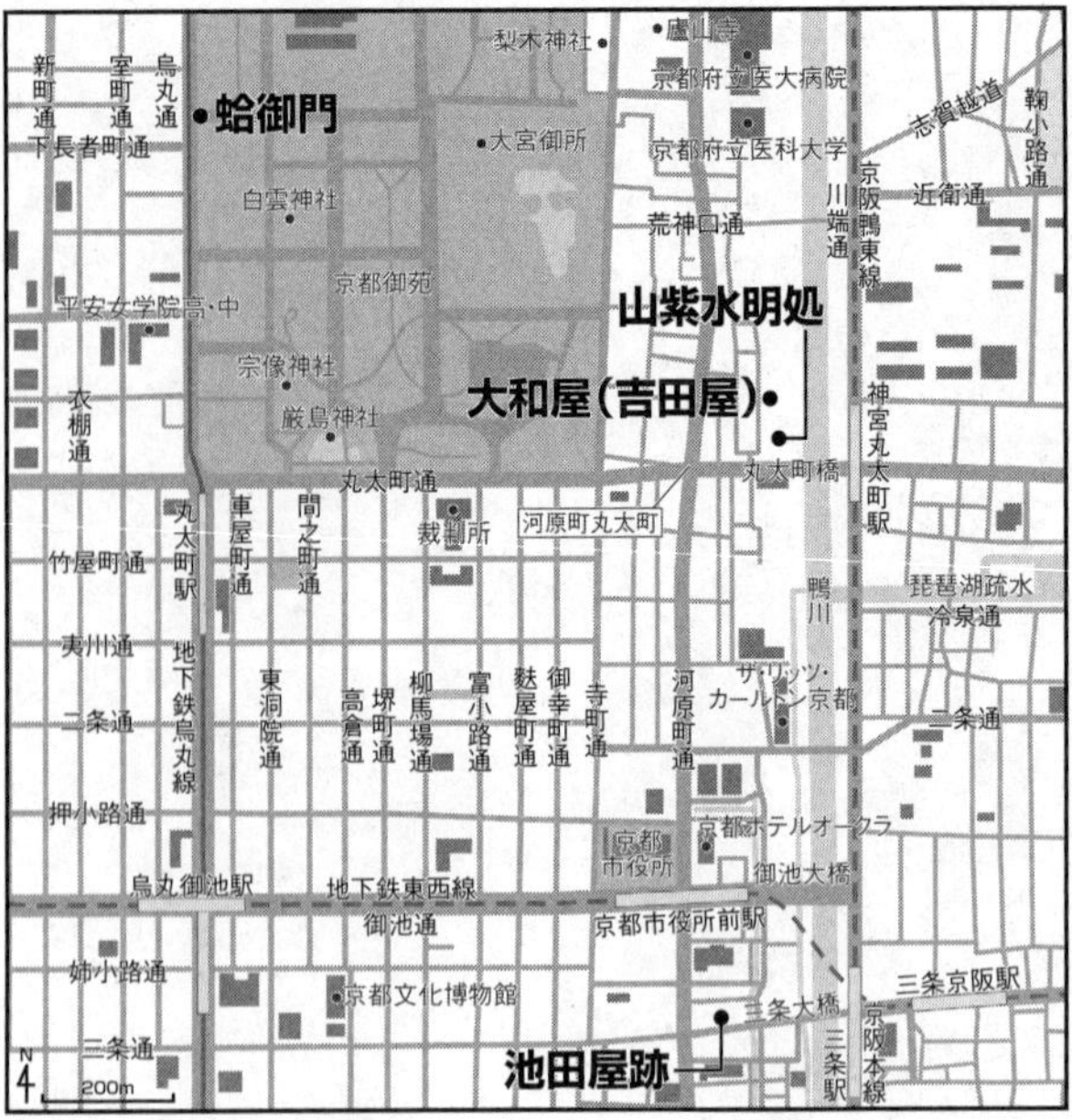

新町通
室町通
烏丸通
蛤御門
下長者町通
梨木神社
廬山寺
京都府立医大病院
大宮御所
京都府立医科大学
志賀越道
鞠小路通
京阪鴨東線
近衛通
川端通
白雲神社
荒神口通
京都御苑
山紫水明処
平安女学院高・中
宗像神社
大和屋（吉田屋）
厳島神社
衣棚通
神宮丸太町駅
丸太町通
丸太町橋
河原町丸太町
裁判所
丸太町駅
車屋町通
間之町通
竹屋町通
鴨川
琵琶湖疏水
冷泉通
夷川通
地下鉄烏丸線
東洞院通
高倉通
堺町通
柳馬場通
富小路通
麩屋町通
御幸町通
寺町通
河原町通
ザ・リッツ・カールトン京都
二条通
二条通
押小路通
京都ホテルオークラ
京都市役所
御池大橋
烏丸御池駅
地下鉄東西線
御池通
京都市役所前駅
姉小路通
京都文化博物館
三条京阪駅
三条大橋
京阪本線
三条通
三条駅
池田屋跡
N
200m

桂小五郎が危うく難を逃れた現場

鴨川《かもがわ》の丸太町《まるたまち》橋の東、このあたりは京都という町の魅力に直接ふれられる穴場じゃないかと思うことがある。

丸太町橋から鴨川に降りて、二条大橋までゆっくり歩いていると、ますますその感が強い。

なにか用事があってこの岸辺の道を歩いているひとは、まず見当たらない。犬の散歩につきあっているひとがときどきいるが、あれは用事というものではなかろう。

東の岸は車の洪水で時間が走っているのに、こちらでは時間が止まっているみたい、ポカーンとしている。

鴨川と並行して、しかし鴨川ではない別の川が流れている。

「アレ、この川の水はどこから来ているんだ？」

首をひねるのも、ゆったりとした時間の流れとつきあう賢い手だ。これが「みそぎ川」で、夏の納涼風景として親しまれる「鴨川の床」は厳密にいうと鴨川ではなくて、この「みそぎ川」の上にかけられる。

二条大橋で上がって、ちょっと右に行くと高瀬川がはじまるわけだが、この水がいきなり木屋町《きやまち》通の下からあらわれてくるのにも、

「こりゃいったい、どうなっているんだ?」と、おどろく。

丸太町橋の西に、丸太町通をはさんで向かい合うように石碑が二つ建っている。南側にあるのが「女紅場址《にょこうじょうあと》」、北側にあるのが「頼山陽《らいさんよう》・山紫水明処《さんしすいめいしょ》」だ。

女紅とは「女工——女巧」のことで、明治五年（一八七二）につくられた女性のための技芸教習所だった。

山紫水明処の説明碑は東三本木《ひがしさんぼんぎ》通にあるが、そのまま北に行くと、右側に「大和屋《やまとや》」という旅館がある。西郷隆盛・大久保利通《としみち》と並んで「維新の三傑」といわれた木戸孝允《たかよし》こと桂小五郎《かつらこごろう》がこの家の地下道を通って鴨川に抜け、あやうく危険をのがれた事件の現場だ。

そのころは「吉田屋」といっていた。桂の愛人で、のちに夫人となる幾松《いくまつ》が吉田屋で芸者をしていたのである。

二条大橋の下を流れる「みそぎ川」

龍馬とくらべて神秘性に欠ける小五郎

桂小五郎の人気がパーッとしなくなって久しい。

坂本龍馬が人気抜群で、それに勝るとも劣らないのが高杉晋作《たかすぎしんさく》や新選組の沖田《おきた》総司《そうじ》、とにかく颯爽《さっそう》としていてわかりやすいのが人気の秘密か。

西郷隆盛や吉田松陰《よしだしょういん》、勝海舟といったあたりになると、「ご立派ですが、ちょっと重くって……」と敬遠されがちだ。

桂小五郎だって「ご立派ですが、重い」タイプに入るはずだが、かつてはそうではなかった。

大佛次郎《おさらぎじろう》原作の小説や映画の「鞍馬天狗《くらまてんぐ》」では颯爽としたヒーローで、アラカンこと嵐寛寿郎《あらしかんじゅうろう》の天狗がどこからともなく現われ、窮地におちいっている桂を「カツラさん！」と激励すると、悪人ども（幕府関係者）は震《ふる》え上がることになっていた。天狗に従う子役の「杉作《すぎさく》」に扮したのは美空《みそら》ひばりだったが、ふたりともいまは亡い。

桂小五郎の人気が落ちたのは神秘な話題に乏《とぼ》しい生涯と関係があるようだ。

桂小五郎が難を逃れた大和屋（吉田屋）
（後にここが立命館大学草創の地となる）

言うことなすことがいつもバランスを保っていて、冷静かつ沈着、しかも明治政府の重職だったとなると生存中はもちろん、没後に大衆的人気を維持するのはむずかしいらしい。

政治家にとって大衆的人気がなければならないとはかぎらない。くだらない人気取りに汲々《きゅうきゅう》とするよりは、じっくりと政策遂行に取り組んでもらうほうが、国民にとってはどんなにありがたいことか。

坂本龍馬には桂にはない神秘な事件があり、それがいまでも続く人気の元になっている。

龍馬が没して三十七年たった明治三十七年（一九〇四）二月というと日露《にちろ》の開戦前夜だが、神奈川県の葉山《はやま》に滞在していた皇后（昭憲皇太后《しょうけんこうたいごう》）の夢枕に龍馬が立ち、

「皇国のため、帝国海軍を護《まも》りたてまつる」

重大な決意を奏上《そうじょう》したのである。

これが「皇后の奇夢」と題して新聞で報道され、強大だといわれるロシア海軍におびえていた国民を勇気づけた。龍馬の夢告どおりに日本海軍はロシア海軍のバルチック艦隊をうちやぶり、日本の大勝利にみちびく。

かつて龍馬以上に人気の高かった桂小五郎

桂小五郎には、そういう神秘的な話はない。生前にも没後にもない。

だが、生きているうちに人気投票をやったら、どうだろう。元治《げんじ》元年（一八六四）四月から翌元治二年二月のあいだに投票があるとすると、龍馬をおさえて桂がトップになる可能性が高い。

なぜかというと、この期間、桂小五郎の行方は、ほんの数人のほかには誰にもわからなかったからだ。

「長州《ちょうしゅう》の桂小五郎、彼はいま、どこにいるんだ?」

探索の興味も加わって得票が増えるはずだ。

新選組の襲撃――池田屋《いけだや》事件

桂が行方をくらましたのは長州藩が「朝敵《ちょうてき》」になり、京都にいれば逮捕されるおそれがあったからだ。

長州藩が朝敵になったのは、軍隊をつれてきて御所で戦争を起こしたからである（蛤《はまぐり》御門《ごもん》の変。あるいは禁門《きんもん》の変）。

戦争を起こしたのは文久《ぶんきゅう》三年（一八六三）八月十八日のクーデターでやぶれて

京都から追放されたからである。

長州が朝敵になるまでの政治の流れを簡単に振り返っておく。

長州藩は朝廷の姿勢を攘夷《じょうい》でまとめることに成功し、宮廷守護の名目でおおぜいの人員を京都に駐留させていた。

長州が朝廷を独占したのに反発した幕府が、薩摩《さつま》や会津《あいづ》、桑名《くわな》藩などと手を組んでクーデターを起こし、長州を追放した。

それだけなら何も起こらなかったが、踏みとどまった攘夷派の志士たちは劣勢を一気に挽回しようとして計画を練っていた。

古高俊太郎《ふるたかしゅんたろう》という志士が新選組に逮捕された。拷問されて計画をしゃべってしまうおそれがあるから、古高を奪回しなければならない。奪回計画を相談するための秘密の会合が察知され、新選組に襲撃されたのが〝池田屋事件〟である。

元治元年（一八六四）六月の池田屋事件では、長州藩士をふくむ七人が戦死、二十三人が逮捕された。ここに桂がいたなら戦死あるいは逮捕、いずれにしろ危険はまぬがれないところだが、戦死もせず逮捕もされなかった。

桂は約束の時間に池田屋に行ったのだが、予定された者が集まっていなかったので、すぐ近くの対馬《つしま》藩邸に行っていた。その留守に新選組の襲撃があったのである。

七月の禁門の変のときも桂は、京都にいながら戦争には参加しなかった。桂の従者は「味方の軍勢に合流してはなばなしく戦死しましょう」とすすめたが、桂は「お前はそうするがよい。わしは天皇をおまもりして死ぬ」と口実をつけて参加しなかった。これは彼が自分で言っていることだから、まちがいはない。

――卑怯者、そんなことだから人気がでないんだ！

桂を卑怯者よばわりしたい気がわからないではないが、それはいささか早まっているというものだ。

卑怯者よばわりされかねない状況を知りつつも、彼はどうしても合戦に参加するわけにはいかなかったのだ。

桂はなぜ合戦に参加しなかったのか？

池田屋事件に至るまでの桂の苦衷

長州藩はクーデターに敗れて萩《はぎ》にもどっていったが、京都の藩邸まで撤去したわけではない。幕府とはすでに実質的な敵対関係に入っていたものの、朝廷も幕府も京都の長州藩邸を撤去せよとまでは言わなかった。

河原町通御池《おいけ》の角、京都ホテルオークラがあるところには依然として大きな長州藩邸があって、乃美織江《のみおりえ》が責任者として何人かの藩邸員をとりしきっていた。

藩邸員にはいまでいう外交特権みたいなものがあって、よほどのことがないかぎりは逮捕されるおそれはない。

桂小五郎は池田屋事件が起こる前の月の五月に京都留守居役に任命され、これは幕府にも届けているから行動の自由があり、犯罪行為とみなされることをしなければ逮捕されない。

そのころの桂が目標としていたのは、幕府を積極的には支持しない鳥取・岡山・安芸《あき》・大洲《おおず》・津和野《つわの》といった藩を集めて長州支持の連合勢力をつくることだった。

これらの藩は、長州が尊皇攘夷の旗をかかげて京都で威張るのは気に入らないが、といって長州を追放した薩摩や会津がこれ以上強くなるのにも警戒の目をひからせている。

つまり桂は「政治」で長州の困難を切りぬけようとしているのだが、そんなことでは生温《なまぬる》いという意見の者もいた。長州や土佐から来ている尊攘の志士である。藩士もいる、浪人もいる。

彼らは「武力行使あるのみ！」と叫んでいる。桂が「政治でいく」と言うのを批判しながらも、河原町の藩邸にはひそかに出入りして、あれこれと世話になっている。

彼らは正式な藩邸員ではない。幕府に知れると厄介《やっかい》なことになるが、桂としては「近寄るな」とは言えない。藩邸が世話をしなければ、もっと危険なことになるおそれがあるからだ。

そのころの長州はまっぷたつに分裂している。

幕府と朝廷にペコペコと頭を下げることで危機をやりすごそうという俗論派（保守派）と、もういちど京都に出て「尊攘の長州」という旗をぶったてようという正義派（急進派）と。天保《てんぽう》時代の藩政改革のときに起こった分裂が、外交政策の対立をめぐってさらに激しい内紛になっていた。

吉田松陰はもちろん、桂小五郎・高杉晋作・久坂玄瑞《くさかげんずい》などは正義派なのだが、八月十八日のクーデターで負けてからの長州は俗論派が権力をにぎっている。正義派は圧迫され、息もつけないほど苦しい。

京都に旗を立てれば正義派が権力を取り返せるし、逆に、権力を取り返せば京都に長州の旗を立てられる。

京都の長州藩邸に集まる志士たちはクーデターで突破口をひらこうとしていた。

細かいことは知らないにしても、桂にもおよそのことはわかっているから、なんとかして暴発を止めたいと苦労している。いまはクーデターを起こせる状況ではなく、たとえ起こしたとしても展望がひらける可能性はなく、しかも被害は甚大だ。

京都の外交界で長州を代表する桂は広い視野から政情をみているので、こういった状況がわかる。

志士たちにはそれがわからない。不利な状況は情熱と正義感で突破してやる、ぐらいに思っている。威勢のいいのは結構だが、それだけだ。

六月五日の夜、桂は池田屋に行ったが、それは古高俊太郎を奪回してクーデターを成功させるためではなかった。「クーデターは中止してくれ、中止しないまでも損害を最小限にとどめるように配慮してくれ」ということを志士たちに言いたかったからだ。

いまでも、ここが誤解されているようだ。

池田屋に集まった志士たちと桂小五郎とでは立場も意見もちがうのである。いっしょにクーデターをやるつもりが途中で恐くなって逃げた、というなら卑怯者と言われても仕方はないが、そうではなかったのだ。

そのとき、なぜ池田屋にいなかったのか

クーデターを中止できないかと言いたいために桂は池田屋に行ったが、桂が早すぎたのか、志士たちが遅れたのか、誰も来ていない。

すぐ近くに対馬《つしま》藩邸があるので、そこへ行って別の用事をすまそうとした。

対馬藩邸は河原町通姉《あねや》小路《こうじ》上《あが》ルの高瀬川沿いにあった。今は休業しているロイヤルホテルの裏側のあたりである。

北西から南東へほぼ直線に、長州藩邸——対馬藩邸——池田屋とならんでいる。一〇〇メートルちょっとぐらいだろう。

長州藩邸——池田屋——対馬藩邸でなかったのが桂小五郎の運命を分けた、と言うと大袈裟に聞こえるかもしれないが、そういう推測はなりたつのである。

「誰も来ていない、早すぎたかな?」

惨劇は祇園祭りの宵宮に起こった

すぐ近くに対馬藩邸がなかったなら、桂はどうしていたか？

長州藩邸にもどって出直すのはちょいと面倒な気分がする。大切な用事ができていて引き止められるかもしれず、そうなってはまずい。

池田屋から長州藩邸にもどる途中の、すぐそこに対馬藩邸があった——桂の心理を考えるうえで、これが重要な鍵になる。

長州藩邸——池田屋——対馬藩邸の順に並んでいたとすると、池田屋から対馬藩邸へ行くのは「もっと遠くへ、わざわざ行く」という気分になる。たいした距離ではないが、長州藩邸から歩いてきて池田屋に着いたばかりの桂にはちょっとした心理の負担になる。

「このまま待とう、何度も表に出て姿をさらすのは危険でもあるから……」

そのまま池田屋の二階にいて、新選組の餌食《えじき》になっていた確率が高い。

実際は、そうではなかった。池田屋と長州藩邸のあいだに対馬藩邸はあったのである。

池田屋に来たが、志士たちは来ていない。自分の藩邸にもどるのは面倒だが、途中の対馬藩邸で別の用事をすれば余った時間の有効利用、一石二鳥ではないか！

池田屋は、現在居酒屋になっている

くどいようだが、長州藩邸と池田屋のあいだに対馬藩邸があった、そのことが桂に「いまのうちに対馬藩邸で」と、大切な用事を思い出させたわけだ。

対馬《つしま》藩邸に寄った理由

そうだ、いまのうちに対馬藩邸に行っておこう——桂小五郎にそう思わせた用事とはどんなものだったか？

たいしたことでなければ、「まあ、いずれそのうち」ということで桂は池田屋にとどまり、新選組襲撃の餌食になっていた。会合の時間のズレ、わずかな時間を縫って駆けつけたからには、よほど重要なことだったにちがいない。

朝鮮半島と九州のあいだに浮かぶ対馬は、外国の軍隊に占領されかかったことがある。万延《まんえん》元年（一八六〇）にはイギリス軍艦アクテオン号が沿岸を測量した事件が起こり、翌文久元年にはロシア軍艦ポサドニック号が兵士を芋崎浦《いもざきうら》に上陸させ、永住施設をつくりはじめた。

芋崎を租借《そしやく》させろというロシアの要求に対して藩当局は打つ手がなかったが、島民と手をむすんで反抗する藩士グループが現われ、イギリスがロシアに抗議したこともあってポサドニック号は退去していった。

この運動のなかから対馬藩に尊攘派が生まれてきたが、保守派につぶされてしまう。

しかし、大島友之允《おおしまとものじょう》や多田荘蔵《ただそうぞう》は桂小五郎をつうじて長州藩と手をむすび、朝鮮貿易の拡大というプランをつくった。

そのころの朝鮮貿易は、朝鮮使節の定期的な来日にともなう政府間の管理貿易のかたちをとっていた。大島のプランは、それを直接貿易にしようというのだから、はっきり言って密輸の計画なのである。

ただしコソコソと密輸しようというのではなく、対馬に公有の朝鮮貿易機関をつくって堂々とやろうというものだった。

幕府の独占を突き破るところにも意味がある。幕府のなかに反対意見が起こるのは承知のうえ、そのときはそのときで対処すればいい。

このプランに共鳴したのが桂や勝海舟、備中《びっちゅう》松山藩の家老の山田方谷《ほうこく》といった開明派の大物政治家だった。

勝海舟は、自分が海軍術を教えている坂本龍馬のグループこそこの計画には適任だと思ったし、方谷の主君で幕府老中をしている板倉勝静《いたくらかつきよ》も賛成して、大島が朝鮮半島の産業事情を調査するところにまで進行していたのである。

産業基盤の弱い対馬藩にとって、朝鮮貿易のことは死活にかかわる重大問題だった。京都の藩邸は朝鮮貿易計画をすすめることを主な仕事にしていたといってもいいだろう。

長州にとっては死活にかかわるというほどではないが、それにしてもこのプランは諸藩に対する長州の威信を維持し、高めるうえで無視できない。幕府の貿易独占体制を打破するのは、沿岸に領地をもつ大名たちがのどから手が出るほど熱望していたことだ。

そういうわけで、桂小五郎がわずかの時間を使ってまで対馬藩邸に相談しに行った用事とは、朝鮮貿易のプランだろうと推測するのである。

夏に起こる蛤御門の変のために、新しい朝鮮貿易のプランは挫折してしまう。

もし、蛤御門の変が起こらなかったなら、どんなことになっていたか？

まったく新しい姿の朝鮮貿易がはじまり、坂本龍馬は長崎ではなく対馬に商社をつくっていた。その後の朝鮮と日本の関係は、実際とは全然ちがうものになっていた。

「蛤《はまぐり》御門《ごもん》の変」にも参加しなかったのは、なぜか

池田屋事件は桂小五郎にひどいショックを与えたが、不幸のなかにも展望がひらけてきたと言えないこともない。

熱狂的な尊攘派の志士が京都から姿を消したのである。

彼らは桂の、長州藩の同志だから冷遇はできないものの、手に余る存在だったのも事実だ。「政治」でやっていこうとする桂と、「暴力」にしか期待しない彼らのあいだには、いつかかならず折り合いのつかない場面が出てくる。

その場面を自分の手でつくらなかっただけでも桂には幸運だった。薩摩が寺田屋でやったような同士討ちは避けられたのである。

ところが故郷の長州では、桂の気持ちを逆撫《さかな》でするような、とんでもないことになっていた。

文久三年（一八六三）のクーデターに負けて京都から追い出されたあとの長州では、

「京都を奪い返す！」

「まあ、しばらく様子をみよう」

激しく言い争っているところへ池田屋事件のニュースが飛び込んできた。

桂は京都にいるから、突撃論をおさえられるほどの信望があるのは高杉晋作だけだ。だがこの高杉は、いきりたつ遊撃総督の来島又兵衛《きじままたべえ》の説得に失敗し、無断で大坂に行ったのが罪とされて牢獄にぶち込まれてしまう。

「もう、待てん！」

来島又兵衛がまず遊撃隊をひきいて出陣し、家老の福原越後《ふくはらえちご》と国司信濃《くにししなの》、益田《ますだ》右衛門介《うえもんのすけ》がそれぞれ軍隊とともに京都に向かった。

名目はいちおう「嘆願」ということになっているが、腰を低くして嘆願する姿勢ではないのである。

こうして、長州藩は京の蛤御門で会津・薩摩両藩の兵と戦った。

だが、蛤御門の変は、七月十九日の、たった一日で終わった。もちろん長州の惨敗である。

桂小五郎は合戦には参加しなかった。

江戸の斎藤弥九郎《さいとうやくろう》道場で師範代までつとめたほどの腕前である、参加していれば敵の五人や十人はぶった斬っていたろうが、参加しなかった。

長州藩と会津・薩摩藩が激戦した「蛤《はまぐり》御門《ごもん》」

合戦は殿さまが承知している。それを知りながら、なぜ彼は参加しなかったのか？

結論から先に言うと、藩邸員は戦争に参加しなくていいからである、戦争してはならないからである。

それはいまでもおなじで、敵国のなかにいる外交官の安全は保護されることになっている。外交官は銃を持たないという前提があるからだ。

しきたりをいいことに卑怯な振る舞いが見逃されているみたいだが、すくなくとも桂小五郎にかぎっては卑怯なんかではない。

桂と同役の乃美織江は合戦がはじまっても藩邸にいて、冷静に戦況をみていた。そして「これは負け」と判断するやいなや藩邸に火を放って西本願寺に逃げこみ、変装して大坂から船に乗って長州にもどった。

これでいいのである、任務はすべて遂行したのだ。

居ても立ってもいられなくなり、とうとう銃を持って敵に向かっていった——なんていうのは勇ましくていいかもしれないが、外交官としては失格だ。

桂はどうしたかというと、京都を出て淀《よど》までは行った。淀で味方を見送ると、また京都に舞いもどってきた。そのまま船に乗れば帰国できたにもかかわらず。

では、なぜ帰らなかったのだろうか。

あえて京にもどった決定的理由

長州は俗論派の天下になっているから、帰ればすぐにつかまってしまい、「いちばん悪いのはこいつです」と幕府にわたされてしまう。そうとわかっていて長州に帰るのは愚かだ。

長州以外のところに身を隠す手がないではなかったのに、あえて桂は京都にもどって潜伏した、なぜだろう?

長州は「朝敵である」と宣言された。敵ならば天皇の臣下《しんか》でもない、将軍の家来でもない。つまり京都では長州という藩は存在しないことになった。

そうはいってもなかなか実感がわかないのだが、理屈としては、こうなる。

桂小五郎はこの理屈に気がついて、

「こりゃ、なんとも面白いことになったものじゃ!」

愉快な気分になったのではなかろうか。

「毛利《もうり》という大名は天皇の臣下でもない、将軍の家来でもない。とすると、毛利の家臣の桂小五郎という男は……」

社会的にはゼロの存在だ。

そんなことを言ってみても、長州の桂とわかったら最後、バッサリやられる危険が消えたわけではない。

社会的にゼロの存在として生きた経験なんか皆無だから、危険にはちがいないとしても、ゼロが面白くて京都に舞いもどってきたということではなかったろうか。

まあ、以上のことは少々ふざけて書いているのであって、生来がキマジメな桂としては「これくらいで負けるもんか！」と、悲壮な決意で京都に舞いもどってきたのが真相だろう。

じつを言うと、そのころの京都は隠れるにはもってこいの状態にあった。これが桂が京都へもどってきた決定的な理由である。

長州藩が惨敗を喫した直後なのに、なぜ隠れやすいのか？

京都が燃えていたからである。

抽象的に燃えていたのではなく、じっさいに火と煙をあげて京都は燃えていた。蛤御門の変の戦場になった御所近くの民家と、乃美織江によって放火された河原町の長州藩邸の二カ所から火の手が上がり、南西に広がりながら三日目の二十一日まで燃えつづけた。

北は御所のあたりから南は御土居《おどい》（いまの京都駅）まで、西は堀川《ほりかわ》から東は寺町《てらまち》あたりまでが類焼したというから、下京《しもぎょう》は全滅である。二万五千軒のうち二万一千軒の家が焼けてしまった。上京《かみぎょう》では二万四千軒のうち五千四百軒が焼けた（当時の京都は上京と下京の二区に分かれていて、中京《なかぎょう》区は昭和四年に分区）。

火事場ドロボーが活躍するので警戒がきびしくなるにはなるが、とにかくもこれだけの大火だ、ちょっと変装すればゴタゴタにまぎれて隠れやすい。だから桂は京都にもどってきたのである。

京都潜伏を助けた芸者・幾松《いくまつ》

桂の京都潜伏を助けた人は何人かいるが、主なものは今井太郎右衛門《いまいたろうえもん》という商人、対馬藩士の多田荘蔵、そして東三本木の芸者の幾松の三人である。

今井は高倉通の夷川《えびすがわ》上ルに店をもつ長州藩の御用商人だった。江戸のなかごろ今井似閑《じかん》という国学者がいたが、太郎右衛門はこの似閑の子孫、「似幽《じゆう》」と号した文化人でもあって、商売のことしか頭にないただの商人とはちがっていた。桂を助けたのはもちろん大切なお得意さまだからだが、尊皇攘夷の思想に共鳴していたこともあるはずだ。

しかし今井が長州の御用商人であるのは幕府方も承知しているので、いつまでも今井の店に隠れるのは危険だ。

ここで女性が登場する。東三本木の吉田屋で芸者づとめをしている幾松だ。

桂と幾松の仲がいつからのものか、はっきりはしない。男女の仲に「いつから？」の問いは無用でもある。

だが、それならそれでこっちにも推測の権利はある。ふつう言われるのは、桂たちが吉田屋で会合をひらいていたときに幕吏《ばくり》に踏み込まれ、幾松がとっさに機転をはたらかせて吉田屋の地下道から鴨川に逃がしてやった、そのときからでは、というものだ。

いまでも地下道は残っているという話だが、これは簡単に見せていただけるものではない。

志士の脱走ルートとしてつくった地下道でないのはもちろんだ。「家のなかからまっすぐに河原におりていけますよ」と宣伝効果を考えたデザインだろう。

会合をひらいていたのだから、桂はひとりではなく、幾松の機転で助かった志士は複数のはずだ。そのなかで桂小五郎だけが幾松とわりない仲になったところに宿命の微妙なはたらきがあった。

新選組は島原《しまばら》遊廓、志士は三本木《さんぼんぎ》遊廓

このころ新選組は島原の遊廓で芸妓を総あげして会議をひらき、隊員ももっぱら島原で遊んでいた。

かたや尊攘の志士は祇園《ぎおん》や東三本木の遊廓で遊び、会議をしていた。

島原は新選組、尊攘志士は東三本木や祇園——きっちり分かれていたわけではないが、なんとなく生物学の「棲み分け」理論が働いていたみたいだ。

新選組がもっぱら島原で遊んだのは、本営のある壬生《みぶ》に近いからである。島原が世に聞こえた公認の遊廓であるのも隊員の遊び心を刺激したはずだ。新選組には「おのぼりさん」の性質があるから、「おお、おれもとうとう京の島原で遊ぶ身分になったか！」と単純に喜べる。

かたや志士のほうは島原が苦手だ。

江戸の吉原《よしわら》がそうだったように、公認遊廓の島原はまわりがグルリと塀で囲まれ、出入りは東西ふたつの門に限られている。遊女の逃亡や客の「食い逃げ」「遊び逃げ」を防ぐためである。

志士は警察の目がこわいので、きびしい監視の目がひかる島原は敬遠せざるをえないわけだ。

新選組に、それはない。彼らにとってきびしい監視は「安全」の同義語なのだ。

島原は由緒もあり、格も高い遊廓だ。戦国時代に二条柳町にあったのが六条三筋町に移り、のちに豪商の灰屋紹益《はいやじょうえき》の妻になる吉野太夫《よしのだゆう》などが活躍した。

寛永十七年（一六四〇）に丹後《たんご》街道沿いのいまの場所に移され、引っ越しの騒ぎが天草《あまくさ》島原のキリシタン戦争を思わせるところから、島原という名がついたといわれる。

東三本木は新顔の遊廓だ。

東洞院《ひがしのとういん》通の丸太町通と竹屋町通のあいだに、三本木町があった。いまでいうと烏丸《からすま》丸太町の交差点の東南の一隅である。

宝永《ほうえい》五年（一七〇八）に京都は大火に見舞われ、その機会に御所を拡張する計

新選組が利用した島原《しまばら》遊廓の大門

画ができて三本木町は鴨川の西に移された。新しい三本木だから「新三本木」とも、東の三本木だから「東三本木」とも呼ばれる。

島原がはじめから遊廓としてつくられたのに対し、三本木はふつうの町である。その三本木に、いつのころからか酒と町芸者の歌舞音曲を提供する家が現われ、気軽な遊び場としてにぎわうようになった。

鴨川が主役で、鴨川に付属しているみたいな歓楽街だ。民家を小綺麗にし、酒も出します芸者も呼びますというものだから気軽さはこのうえない。

島原みたいにまわりをぐるりと塀で囲んであるわけじゃなし、どっからでも出入り自由。出てくる女性はアマチュアの雰囲気を残した町芸者で、「わちきは○○太夫でありんすヨ」なんて格式ばらない。

志士たちには、そこが気に入った。

島原よりは安く遊べたはずだが、桂あたりになると藩の公費が使えるから、安いのは絶対必要条件ではない。三本木の気軽さと安全がよかったわけだ。

その三本木の吉田屋という家に芸者の幾松が出ていて、桂小五郎と深い仲になった。

乞食姿で橋の下に隠れていた、という説

幾松は武士の娘だった。若狭《わかさ》の小浜《おばま》藩の生咲《きざき》（木崎）市兵衛《いちべえ》というのが幾松の父親である。

市兵衛は百姓一揆を防げなかった上司に連座して浪人となり、家族ともども京都に出てきた。暮らしが立たなくなり、三人の娘を芸者づとめに出した。その長女が幾松だという。

長州軍が惨敗した元治元年（一八六四）七月十九日（蛤御門の変）の夜、いったんは淀まで行って引き返してきた桂は、まっさきに今井の家の門をたたいたようだ。今井から三本木の幾松、対馬藩邸にいる多田荘蔵に連絡がはしり、この三人が力を合わせて桂を隠した。

乞食の姿に身をやつした桂が二条（または三条）の橋の下に隠れている。その橋のうえに幾松が立ち、今井の家でつくった握り飯の包みを紐《ひも》かなにかにむすんで、そーっとおろしてやる――こんなふうなエピソードが伝わっている。

なかなか感動的な場面ではあるが、桂が乞食の姿になったことも、橋の下に隠

れたことも事実ではないそうだ。今日はあそこ、明日はこっちと転々とする桂に幾松が握り飯を届けたのは事実らしい。今井太郎右衛門の息子さんが大正七年に証言していることだから、まちがいはないだろう。（妻木忠太『木戸松菊公逸話』）

しかし、橋の下に隠れていたとはいかにもありそうな話だ。おそらく七月の末ごろには言われだし、「そうにちがいない。橋の下に隠れるのは名案だ」と納得したひとが口から口へと言い伝えたのだろう。

桂小五郎は二条か三条の橋の下に隠れていた――この説になぜ説得力があったのかというと、そのころ二条や三条の橋の下にはたくさんのひとが住んでいたからだ。

といえば、もうわかるだろう、火事に家を焼かれたひとたちである。乞食もいたろうが、多くの市民が焼け出され、橋の下を仮の住まいとしていたのだ。

近郊のひとが、京都の親戚の安否をたずねて出てくる。

「三条の寺町？　そりゃいかん、あのあたりは丸焼けじゃ。三条の河原に行けば親戚の方の消息はわかるでしょうよ」

鴨河原は臨時の避難場所でもあり、誰彼の消息が集中している情報コーナーでもあったわけだ。

いま河原町のあたりを歩いていると、「災害時の広域避難場所――鴨川の河原」と記した大きな掲示が出ているのに気づくはずだ。蛤御門の変の大火災の教訓が、こうして生きているのである。

他人になりすまし、但馬《たじま》（兵庫県）に脱出

桂小五郎がいつまで京都に隠れていたかというと、五日間だ。五日しか隠れていなかったともいえるし、よくもまあ五日も頑張ったものだともいえる。

大火災の混乱にまぎれるとはいっても、幕府の捜査はきびしい。危険に身をさらして京都に隠れていても、ろくな情報は集まらない――そうと悟った桂が、もうこれまでと肚《はら》をきめて長州に帰るはず、と思うとこれが帰らないんだからおもしろく、また厄介だ。

長州は俗論派と正義派とに分かれ、血で血を洗う争いをやっている。桂にもだいたいのところはわかっているから、「あんなところに帰っても仕方がない」と突き放すのもひとつの見識ではある。

しかしまた、「京都がダメとわかったからには一日も早く帰って俗論派をやっ

つけてやる！」となってもいいところなのに、ならない。

正義派が勝つまでは帰らない——そう決心したようだ。

高杉晋作とならぶ正義派ナンバーワンの桂が帰らなければ、勝てる戦いも負けてしまうおそれがあるわけだが、そのあたりをどう判断したのか、わからない。

自分が帰国して正義派を勝たせる可能性よりも、逮捕あるいは殺される危険のほうを重くみたということかもしれない。

桂は但馬《たじま》（兵庫県）の出石《いずし》に行った。「皿そば」や沢庵和尚《たくあんおしょう》、陶器の出石焼などで有名な出石は仙石《せんごく》氏三万石の城下町である。

では、なぜ出石に行ったのか？

出石出身の広戸甚助という男がいて、京都の対馬藩邸で働いていた。よく働くのを多田荘蔵に見込まれ、いまでは多田の下男みたいになっている。

京都から脱出したいという桂の計画を聞いたとき、多田はすぐに、

「甚助の故郷の出石、あそこなら……」

甚助が仲間をつれて故郷に帰る、というふうにすれば桂とともに関所を越えるのも容易なはずだと計算した。

対馬と長州の尊攘同盟があり、多田と桂との信頼にみちた交友があり、多田の

下男の甚助、甚助の故郷の出石という関係があって桂は出石に逃げていった。
出石では「広江孝助」の変名を使い、宵田町《よいだ》に筵《むしろ》や竹細工を売る店をひらいていたそうで、いまはそこに石碑が立っている。城崎《きのさき》温泉にも行ったそうで、石碑がある。

堀田という出石の藩士は孝助が長州藩士のおたずね者、それも超大物の桂小五郎とは知らずにしばしば碁《ご》の相手をさせ、あとからそうと知って腰を抜かさんばかりに驚いたという話がある。

また経田という藩士は「広江孝助」が気に入って、なにかというと呼びつけては話の相手をさせた。孝助こと桂小五郎のほうではイヤなやつだと思っていたが、断わるに断われず、いやいやながら相手をつとめたという。

なんにしても、よほどうまく化けたものではある。

誰にもわからなかった消息

幾松はといえば、身辺の追及がきびしくなるので、対馬藩邸にひきとられた。
それからしばらくして、おなじ対馬藩士の樋口謙之亮《ひぐちけんのすけ》にともなわれて対馬に行く途中、下関に寄った。

それは元治元年の暮れか翌年の正月だったようだ。

多田や樋口は、幾松の落ち着けるところがあればそのまま下関にいて、出石に連絡して桂を呼び戻そうと計画していたようだ。

あいにくというか、待ってましたというか、高杉晋作が起こしたクーデターで長州は内乱に突入しており、幾松が身を落ち着けるところがない。

下関では伊藤俊輔《いとうしゅんすけ》こと、のちの伊藤博文《ひろぶみ》に会ったぐらいで、樋口とともに対馬にわたっていった。

「桂さんが、但馬の出石に?」

対馬の同志の樋口の言うことだ、ウソではあるまいとは思うものの、正義派の面々はすぐには信じられない。

幾松と多田が対馬にわたったあと出石から広戸甚助がやってきたので、はじめて桂の安全が確認された。蛤御門の戦争からこのかた、桂小五郎の消息はだれにもわからなかったのである。

高杉のクーデターは成功しつつある。これなら桂さんが帰国しても安全だ、正義派が権力をにぎった新しい長州にはどうしても桂さんの広い見識が必要だとい

旅館・石長松菊園の庭先に木戸《きど》孝允《たかよし》旧宅跡の碑がある

うところから、まず甚助が対馬に行き、それから幾松をともなって出石へ桂を迎えに行った。

桂と幾松が下関にもどったのは四月であった。

それにしても、あれほどの激動のとき、幾松のようにスリリングな旅をした女性もまことにめずらしい。

竹屋町にいまも残る桂小五郎の自宅

三本木の鴨川に面したところに、小さな藁葺《わらぶ》きの一軒屋がある。頼山陽の「山紫水明処」である。丸太町橋から河原に下りたほうが、いい感じで眺められる。桂小五郎と幾松との出会いより三十年ほど前に山陽は亡くなっているのだが、吉田屋で密議をかさねる桂に、「頼山陽はここで変革の精神を鼓舞するさまざまな著作をしていたのだ」と感慨にふける余裕はあったのだろうか。

頼山陽の「山紫水明処」の対岸には梁川星巌《やながわせいがん》の住まいの「鴨沂小隠《おうきしょういん》」があった。跡には石碑が立っている。

京都に尊皇攘夷の思想を吹き込んだひとりが梁川星巌である。鴨沂小隠は尊攘の聖地みたいになり、幕吏の目がひかった。

星巌は安政《あんせい》の大獄《たいごく》の第一号の犠牲者になるはずだったが、幕吏が踏み込んだときには病気で息をひきとった直後だった。彼は詩人として有名だったところから、「星巌は死に―詩に―上手」といわれた。

三本木から丸太町通を越えて南に下がったところ、土手町通の竹屋町に木戸孝允（桂小五郎）の自宅が残っていて、いまは京都市に寄贈されている。

明治十年、九州ではげしく展開されている戦争の行方に気をかけつつ、桂はこの家で病床に伏していた。

「西郷よ、もういいかげんにせんか！」

うわごとに言いつつ、息を引き取ったのである。

すぐ近くの旅館には「石長《いしちよう》 松菊園《しようぎくえん》」という名前がついている。桂小五郎の号の「松菊」にあやかってつけたのだろう。

4章

なぜ新選組に〝尊攘志士〟が入隊したのか

――「旗本へ昇進」か「倒幕」かに揺れた隊士たち

〈史蹟〉新徳寺　新選組壬生屯所跡　池田屋跡　月真院

〈人物〉伊東甲子太郎　清河八郎　近藤勇　土方歳三

200m
N
丸太町駅
二条城
二条通
地下鉄東西線
二条城前駅
二条駅
烏丸御池駅
京都
市役所前駅
三条京阪駅
御池通
池田屋跡
地下鉄烏丸線
三条通
河原町通
三条駅
東山駅
六角堂
大宮駅
阪急京都線
烏丸駅
京都
河原町駅
祇園四条駅
八坂神社
四条大宮駅
四条通
四条駅
高島屋
川端通
月真院
嵐電嵐山本線
新徳寺
新選組壬生屯所跡
烏丸通
堺町通
大和大路通
圓徳院
高台寺
JR嵯峨野線
鴨川
清水五条駅
9
五条通
五条駅
1
丹波口駅
大宮通
西本願寺
堀川通
東本願寺
渉成園
(枳殻邸)
京都国立
博物館
妙法院
七条駅
七条通
三十三間堂
智積院
梅小路公園
JR琵琶湖線
京都駅ビル
JR京都線
京都駅
京阪本線
東海道新幹線
東海道新幹線
新・都ホテル
近鉄京都線
東福寺駅

月真院《げっしんいん》に隠された血の記憶

円山《まるやま》公園から高台寺《こうだいじ》をとおって清水《きよみず》坂と五条《ごじょう》坂との合流点まで、この道は「京の坂みち」の名がついている。

京都観光の本場のなかの本場だ。

とにかくロマンチックである。

ロマンチックという外来日本語の意味はよくわからないのだが、

「ロマンチックだね！」

「ほんとにいッ」

といった会話がよく似合うのだから、つまりロマンチックとはこのあたり一帯の光景にふさわしい言葉なんだろう。

とくに「文《ぶん》の助《すけ》茶屋」のあたりは「京都式ロマンチック」のヘソみたいな存在で、春秋のシーズンはもちろん、ずいぶん寒くなってからでも紅《あか》い絨毯《じゅうたん》に腰をおろして甘酒をすする人が多い。

甘酒をすする人に、茶屋のちかくの「月真院」にも興味をもっていただきたいというのがこの章の狙《ねら》いである。

「月真院、知らないなァ。やっぱりロマンチック？」

新選組である、流血の暗殺である、ロマンチックというわけにはいかない。

「そ、そ、それがロマンチックっていうんじゃないの！」

茨城県、とくに旧新治《にいはり》郡の千代田《ちよだ》村にゆかりのある読者はおいでにならないだろうか。

千代田の村には、そのむかし「志筑藩《しつくはん》」という藩がありました。殿様は本堂親《ほんどうちか》久《ひさ》といい、石高は八千石。

一万石以上の武士を大名というのがしきたりだから、八千石の本堂は大名でもなく、したがって志筑という藩も存在しないわけだが、明治になって突然、一万百十石のれっきとした大名に昇格した。

手品のタネアカシ——本堂家では着々と新田の開発をやっていて、幕末には二千百十石ふえていた。報告すればすぐに大名の扱いになるが、そうなればなったで義務がふえ、やかましいしきたりに縛られる。それが嫌で報告しないうちに明治維新になった。

旧幕府の残党は北関東から東北へと移動しつつ、激しく抵抗する。新政府とし

円山公園と高台《こうだい》寺をつなぐ道

ては北関東に味方をふやして戦局を有利にしたい。

「本堂親久は八千石だが、二千百十石の隠し田があるそうじゃ。官軍に味方するなら隠し田の罪は問わない、どうじゃな?」

拒否すれば攻撃される、仕方なしに幕府の旗本から政府方の大名に転身してしまったのが真相だ。

その志筑藩と京都、なんにも関係ないとお思いかもしれないが、じつは、おおありなのだ。

この月真院を本拠にして「御陵衛士《ごりようえじ》」を結成し、新選組に対抗して暗殺された伊東甲子太郎《いとうきねたろう》は志筑藩から脱藩した武士だったのだ。

伊東の生家は鈴木という。江戸の深川佐賀町《ふかがわさが》にあった北辰《ほくしん》一刀流の伊東精一《せいいち》に剣術を学んでメキメキと腕をあげた。師匠の精一が亡くなったあと、門人一同の推薦で伊東家の養子になり、伊東道場を受け継いだ。

剣術が強いだけではなく、和歌や国学にも精力的に取り組むうちに尊皇攘夷の思想をもつようになった。

伊東が京都に姿を見せるのは元治《げんじ》元年(一八六四)のことで、京都から江戸に帰ってきた近藤勇《いさみ》の勧めに応じた結果だ。

尊皇攘夷の伊東が新選組の近藤の勧めに応じて京都に行く――信じられないが、信じられないことの多いのが激変する幕末の政局そのものだった。

裏目に出た策士・清河八郎《きよかわはちろう》の〝進言〟

伊東が京都に姿を見せるまで近藤勇は、新選組は、どこで、なにをやっていたのか？

「浪士を放っておくと、ろくなことをやらない。浪士をあつめて京都に送り、将軍の身辺警護をやらせれば一石二鳥です」

出羽《でわ》（山形県）の郷士の清河八郎の進言が実を結んで「新徴組《しんちょうぐみ》」がつくられ、二百三十四人が京都に着いたのは文久《ぶんきゅう》三年（一八六三）二月だ。三月には将軍家《いえ》茂《もち》が上洛して宿舎の二条城に入った。

新徴組の本部は壬生《みぶ》の新徳寺《しんとくじ》に置かれた。

壬生というと八木《やぎ》邸とか前川《まえかわ》邸などが印象深いだろうが、それは新選組が分裂してからのことで、分裂するまでは新徳寺が中心なのである。

といっても新徳寺や八木邸、前川邸、光縁寺《こうえんじ》などは壬生寺の近くにかたまっているから、新徴組も新選組も壬生で誕生したというのはまちがいではない。

壬生寺の境内《けいだい》に近藤勇の銅像が建っているので、壬生寺も新選組の宿舎になったことがあると思いがちだが、それはまちがい。壬生寺は格の高い勅願《ちょくがん》寺で、いかに幕府の息のかかった新選組といえども、ここに住むことはできない。

さて、清河八郎が新徳寺に全員を集め、爆弾宣言を発した。

「われわれの目標は尊皇攘夷の先鋒《せんぽう》となることじゃ、将軍の警護などは名目にすぎぬ。以上の方針を朝廷に申し上げる、異存はなかろうな！」

幕府の機関の新徴組が「尊皇攘夷をやる！」とは意外も意外、まさか朝廷に認められるはずはなかったが、そこが政局の混乱である、朝廷から「結構なことである、江戸にもどって攘夷をやれ」との命令が出た。

清河にひきいられた一同は江戸にひっかえしていったが、八木邸を宿舎としていた近藤勇のグループ十三人は「われわれの役目は将軍の警護、幕府権力の維持だ」として脱退、京都に残ることにした。これが新選組の誕生である。

誕生はしたがカネもない、身分もない。

「将軍警護の役目を遂行するとすれば、会津《あいづ》に頼るしかあるまい」

会津藩主で京都守護職の松平容保《まつだいらかたもり》の世話を受けたいと願書を出したら、すぐ

清河八郎《きよかわはちろう》が爆弾発言《ばくだんはつげん》をした新徳寺《しんとくじ》

に許可になった。

十三人は「松平容保の預かり」の身分となり、十三人をまとめた組織が新選組ということになった。京都守護職の下で働くわけである。

乱暴狼藉《ろうぜき》の限りを尽くした初期「新選組」

新選組ブームはいまもつづいているのだろうか？　テレビ番組で火がついたブームだったように記憶している。

よそから来て京都に暮らしているわたくしとしては、

「新選組がこんなに評判になって、根っからの京都人は平気なんだろうか？」

気になって仕方がなかった。

新選組は乱暴だった、むちゃくちゃに横暴だった。将軍の身辺警護の役目を笠にきて、ぜんぜん筋のとおらない乱暴をした。

壬生の前川荘司《しょうじ》という家には新徴組担当の幕府役人が泊まっていた。新徴組が江戸にもどり、残った新選組は会津の預かりになると聞いてホッとした。新選組は会津屋敷に移るものと思い込んだからだ。

それがとんでもないこと、芹沢鴨《せりざわかも》が仲間をつれて乗り込んできて居座ってしまった。

芹沢の仲間が増えてわがもの顔にふるまうのにたまりかね、家族は六角《ろっかく》通の別宅に移り住まなくてはならない羽目になった。

島原《しまばら》遊廓の「角屋《すみや》」で遊んでいた芹沢がとつぜん、「粗末にあつかった」と怒り出し、鉄扇を振りまわして食器や備品をかたっぱしからぶちこわした。

ひとに怪我《けが》はなかったが、それでも満足しない芹沢は新選組の名前で「七日間の謹慎《きんしん》―営業停止」処分を申しわたした。

新選組に行政処分権があるはずがない、と言ってみてもはじまらない。仕返しがおそろしいから、泣き寝入りするだけだ。

四条堀川《しじょうほりかわ》に「菱屋」という太物《ふともの》問屋があった。太物とは綿や麻の布地や衣料のことである。

芹沢は菱屋で着物を買ったが、代金を払わない。愛人の梅《うめ》という女がカネをもらいにきて、「払ってください」「イヤだ」のやりとりのあいだに、梅は芹沢の愛人になってしまった。

この梅と芹沢がいっしょに寝ているうちに近藤に殺されてしまう。菱屋としては踏んだり蹴ったりだ。

近藤が芹沢を殺して全権をにぎってからは規律もきびしくなり、乱暴狼藉《ろうぜき》も少なくなったようだ。

だがそれは、新選組ならどんな無理でもきかなければならないという恐怖が浸透した結果だともいえるわけで、京都の街にとって嬉しい話ではない。

新選組の若い隊員のなかには純真なものが多かったなどといわれ、純真は結構にはちがいないが、舞台となった京都の街は、その純真がおそろしくてブルブル震えていたのだ。

「維新を一年遅らせた」と言われる池田屋騒動とは？

新選組が一躍して存在感を強くしたのは元治元年（一八六四）六月の池田屋討ち入りからだ。

それまでは文字どおり守護職の別動隊として下働きに甘んじていたが、これをきっかけにして実質的には独立の治安部隊として扱われるようになった。

池田屋騒動の経過を追ってみる。

新徳寺と隣接する壬生《みぶ》寺

前年八月十八日、それまで攘夷派の思うようにひきずられていた公武合体派が巻き返しのクーデターに成功した。

攘夷派の中心の長州藩は故郷に落ちていったが、一部の者は名をかえ姿をかえて京都に潜伏し、同志の連絡が断たれないようにしていた。

そういうことは予想している新選組だ、油断せずに探索しているうちに河原町《かわらまち》通と高瀬《たかせ》川のあいだ、三条通の北側の「池田屋」という旅館があやしいということになった。

大坂出身の隊員、山崎烝《やまざきすすむ》が薬売りに化けて池田屋の客となり、さらに探索をつづけると、四条《しじょう》河原町で馬具と古道具をあきなっている「桝屋喜右衛門《ますやきえもん》」という商人がひっかかってきた。桝屋の店は四条通から一筋北、河原町通を東に入ったところにあり、いまは「志る幸」という料理屋の前に石碑が建っている。

六月五日の未明に桝屋を襲撃し、逃げ遅れた主人の喜右衛門を逮捕した。押入れからは武器と弾薬、秘密書類も押収した。桝屋喜右衛門とはまったくの偽名、じつは古高俊太郎《ふるたかしゅんたろう》という尊攘の志士だったのである。

壬生へひっぱってきて拷問にかけると、大変な計画を白状した——風の強い日に内裏《だいり》に火をつけ、消火出動する守護職の松平容保を襲撃して血祭りにあげ、天皇を長州に移す。池田屋は尊攘志士の秘密の会合場所だということもはっきりした。

古高俊太郎を奪われた攘夷派は秘密がばれるのをおそれ、奪回計画を立てるにちがいない。計画を相談するために池田屋に集まるはずだが、それはいつか——さぐっていくと、今夜だとわかった。

近藤は新選組の総力をあげて池田屋を襲撃すると決め、守護職にも連絡した。この時点までは守護職の軍隊の一翼をになって出動するはずだったが、守護職の軍が夜の十時になっても到着しないので、ついに近藤は新選組単独の襲撃を決行したのである。

肥後《ひご》、長州、土佐などの志士七人が戦死、二十三人が逮捕された。明治維新を一年遅らせたとまでいわれる池田屋事件であった。

ここで疑問がある。

古高俊太郎の逮捕が六月五日の未明で、古高奪回計画の相談のために攘夷派が池田屋で集会したのがその日の夜——いかにあわてていたといっても、早すぎるではないか？

古高の正体が暴露され、逮捕された。ならば池田屋が同志の秘密の集会場所だということもまた察知されているはずだと、なぜ警戒しなかったのか？

六月五日という、その日にちに謎があったのではないか？

なぜ、〝池田屋〟討入りは成功したか？

元治元年の祇園《ぎおん》祭は六月六日、前日の五日は宵宮《よいみや》。

宵宮の夜は人出が多い。池田屋のあたりは繁華街だから賑《にぎ》わいも格別のはず、こういう夜のほうがかえって人目につかない――そういう判断があったのではなかろうか。

危険かもしれないが、宵宮の夜だからこそ思いきって危険を冒《おか》してみよう、事は急ぐのだ――裏をかいたつもりの計算がむざむざと新選組の罠《わな》にはまってしまった、という次第ではなかったのか。

宵宮の夜という条件は新選組のほうに有利に作用したというしかない。

近藤は隊士を二人、三人と別々に三条の町会所に集合させ、ふつうの夜の警戒出動と変わらないようにみせかけた。

それでも、「今夜は、やるぞ！」と説明されている隊士の表情にはそれなりの

古高《ふるたか》 俊太郎《しゅんたろう》は壬生の屯所・前川邸の土蔵で拷問された

緊張があったはず、宵宮の雑踏がそれを隠してくれたのだ。

情報の探索から襲撃決行まで、池田屋事件は新選組の単独行動だった。

近藤勇の功績は抜群だったから、「彼を旗本にしてもいいのではないか」という声が高まったのは当然だ。

だが、彼は、「私は新選組隊長で結構です」とかたく辞退しつづけたという。(子母沢寛《しもざわかん》『新選組始末記』)

いくら辞退しようとも彼の評価が高まったのはいうまでもなく、それが伊東甲子太郎の入隊へとつながっていく。

池田屋襲撃が成功しなければ近藤の評価は高まらなかった、攘夷派が六月五日の夜に池田屋に集合しなければ襲撃はなかった。

つまり、攘夷派が六月五日の夜に池田屋に集まらなかったなら伊東甲子太郎の入隊もなかったことになる。

こじつけが強すぎるようだが、筋としてはこうなっているのである。

祇園祭は池田屋事件の背景であったというよりは、事件の演出者だといっても言いすぎではないわけだ。

伊東が入隊したのは、江戸にもどった近藤と意気投合した結果である。

では、近藤はなぜ江戸にもどったのか？

池田屋事件のあと長州藩は「復讐」を叫んで京都に軍隊を送り込み、蛤御門《はまぐりごもん》の合戦に負けて、またまた故郷に落ちていった。

内裏に発砲したのが罪になって長州は「朝敵」となり、朝敵長州を徹底的にやっつけるための「長州征伐」の軍隊が出動するということになる。

長州征伐軍の総指揮をとるために将軍が大坂にのぼると発表された。征夷大将軍としては当然の行動だ。

ところが、いつになっても将軍家茂は江戸から腰をあげない。幕府のなかでもカネとか人事とか外交のトラブルとか、あれこれのごたごたで、そうすぐには事がはこばないのである。

長州が自分で「降参します、ゆるしてください」と言ってきてくれるのを待つほうがいいと思っている者も少なくない。

京都では、そうはいかない。

攘夷派が一掃された朝廷と幕府のあいだはうまくいっているのに、将軍が上洛してこないとなると、せっかく良好な関係にひびが入ってしまう。

「上洛せよとの勅命に、将軍は従わぬつもりなのか！」

攘夷派復活の糸口にもなりかねない。

そこで考えたのが近藤勇である。

「この近藤が江戸にくだり、老中の方々に、一日も早い上さまの上洛をうながしてまいります。如何《いかが》でしょうか」

守護職の松平容保は、「それはよい。ただちに出立《しゅったつ》せよ」と承知してくれた。

近藤の江戸行きには新選組の規模をもっと大きくするための隊員募集の狙いもあり、その件についても松平容保の内諾を取りつけたようだ。

さて、ここが問題だ。

なにが問題なのかというと、近藤に池田屋事件の功績がなかったなら相手にされない話だった。

「近藤がご老中の方々に催促《さいそく》する？　無茶なことを言うものだな。たかが新選組の隊長だよ、老中がお会いなさるはずがない」

これでおしまいになっていたはずだ。

ところが、いまの近藤は池田屋襲撃の功績に輝いていて、守護職さえ一目《もく》も二目も置く重い存在になっている。

池田屋のことは江戸に報告されているから、「おお、あの近藤が来たのか」と

池田屋騒動で名を馳《は》せた近藤勇の胸像（壬生寺）

歓迎されるに決まっている。松平容保からの添え状ももらえるはずだ。

そういうわけで近藤の江戸くだりが決まった。隊員の藤堂平助《とうどうへいすけ》がひとあしさきに発《た》ち、追いかけて近藤が江戸に向かう。

将軍の上洛はすぐには実現しなかった。

そのかわりというわけでもないが、伊東甲子太郎グループの新選組への加入という土産をもって京都に帰ることになる。


なぜ、伊東甲子太郎《いとうきねたろう》は近藤勇に乞《こ》われたのか？


深川佐賀町の伊東道場にはたくさんの若者がつめかけて、剣術道場としては江戸でひろく名を知られていた。

すぐ近くの本所亀沢町《ほんじょかめざわ》には男谷精一郎《おだにせいいちろう》の道場がある。幕府の講武所《こうぶしょ》頭取、直心影《じきしんかげ》流の男谷精一郎の道場とあって江戸で一番といわれていたが、近藤が江戸に着く前に男谷は亡くなってしまうから、その分だけ伊東道場の名が高くなる。

先着した藤堂平助、これは北辰一刀流の達人であった関係から伊東とは知り合いの仲だった。

ふたりは尊皇攘夷の思想でも意気投合していた。

「伊東さん、あんたが京都に来て新選組になったら、ずいぶん面白いことになるんだがなア」

「面白いことに、ね。まあ、近藤というひとに会ってみましょう」

「面白いこと」がどんな内容なのか、このときには彼ら自身にもはっきりわかっていなかった。

伊東甲子太郎グループ八人の新選組加入が決まり、十二月のはじめには京都に着いた。伊東グループのほかにも四十人ほどが加入したから、将軍上洛の件はともかく、隊員募集の計画は上々の結果になった。

組織が改革された。

総長は近藤、副長が土方歳三《ひじかたとしぞう》、そしてナンバースリーの参謀という地位をつくって伊東が就任した。伊東を優遇するために参謀という役目をつくったわけだ。

このほかにも九番組組長に伊東の実弟の鈴木三樹三郎《みきさぶろう》、諸士調役兼監察方と柔術師範に篠原泰之進《しのはらたいのしん》、伍長に中西昇《なかにしのぼる》、伊東が文学師範をかねるなど、伊東グループ優遇の人事配置である。

慶応元年（元治二年・一八六五）の三月に、新選組の本営は西本願寺に移った。堀川通に面した西本願寺の一角にいまも太鼓楼《たいころう》があるが、その太鼓楼につづく五百畳敷きの広間をいくつかに仕切って本営にしたらしい。

この本営移転の理由は何であったのか、どうも明解でない。いくつかの推測のうち、そうかもしれないと思われるのが「西本願寺いじめ説」である。

浄土真宗《じょうどしん》は中国地方で勢力が大きい。なかでも長門《ながと》と周防《すおう》、そして安芸《あき》である。

「西本願寺のやつ、どうも長州藩を贔屓《ひいき》しておる。けしからん！」

言い出したのは土方歳三のようだ。長州の志士をかくまっている、とかなんとか難癖をつけ、本営を置かせれば会津さまに願って見逃してやる、というふうにもちこんだらしい。

政局が切羽つまってくると郊外の壬生では遠すぎる、だから市内に本営を移したいというのであれば管轄の守護職に申請すればいい。それを、でたらめな難癖をつけ、弱いものいじめで本営を置かせてしまった——これはもう我慢ならないと爆発したのが山南敬助《やまなみけいすけ》である。

山南は結成以来の隊員で、土方とならぶ幹部クラスのメンバーだった。

しかし土方が近藤の信頼を得て地位を高くしていくのに引き替え、どうも自分

西本願寺の太鼓楼《たいころう》

壬生《みぶ》・光縁《こうえん》寺にある山南敬助《やまなみけいすけ》の墓（右）

は遠ざけられているように思うことが多くなった。

そこへ伊東甲子太郎が加入してきた。山南はもともと尊皇攘夷の思想をもっていたといわれ、一も二もなく伊東のファンになってしまったらしい。

そうなると、近藤や土方のすることなすことのすべてに我慢できなくなる。西本願寺移転のことでついに堪忍《かんにん》ぶくろの緒《お》が切れ、脱走してしまった。

山南の挙動は監視されていた。馬で追いかけた沖田総司につかまってしまい、壬生の本営で切腹させられたのである。

山南を切腹させたすぐあとで新選組は西本願寺に移った。

だが、山南切腹の後遺症がズキズキと痛み出すのはこれからだ。山南が尊皇攘夷思想の持ち主であったのは伊東甲子太郎にもわかっている、黙っているはずはない。


当時は誰もが〝尊皇〟だった?

ところで、伊東といい山南といい、尊皇攘夷の思想に共鳴する者がコチコチの佐幕とわかっている新選組なんかに、どうして参加したのだろう?

尊皇と佐幕とではたしかに対立するが、共通する攘夷の一点で手をにぎりあったのだ――こういう説明があるようだが、わたくしとしては納得しがたい。

活躍の場がほしかった、これだろう。

浪人の集まりとはいえ、ともかくも新選組は幕府に属する機関であり、いまや江戸をさしおいて政治の本場になった京都で活躍している。尊皇思想の者なら、「参加してはどうか」と声がかかったら一も二もなくＯＫする。

いま「尊皇思想の者なら」と書いたが、当時は「天皇を尊敬する、しない」の二者択一の基準はないのだから、これはつまり「活躍したいと思っている者なら誰でも」ということになる。

京都であばれてみたいと思う浪人は多かったが、浪人とわかると長州との関係をきびしく追及されるので、うっかり京都に近づけない。新選組に入れば大手を振って京都に入れるから、そのためには思想のことは二の次になった。

しかし、京都に来ると事情がちがってくるのである。

長州を中心とする尊攘派と、尊攘派を朝敵として憎む佐幕あるいは公武合体派とが毎日のように殺し合っている。江戸にいるときにはさほど気にならない思想の相違が、京都では、ことと次第によっては生死を分けるのだ。

伊東グループは尊攘思想を隠さない。少なくとも、尊攘関係者と接触しても平然としていた。伊東がそのように指導したのだろう。

慶応二年の正月、伊東は近藤といっしょに広島に行った。

広島には長州征伐軍の前線本部が置かれていた。そこへ長州藩が三人の家老の首を斬って謝罪してきたので、老中の小笠原《おがさわら》壱岐守《いきのかみ》が検分のために出張した。それに随行のかたちで伊東と近藤は広島に行ったのである。

広島に着いてからの伊東は近藤とはいっしょに行動せず、しきりに長州関係者と会っていた。下関や太宰府《だざいふ》まで足をのばしたという推測もある。

近藤に注意されても、

「新選組の参謀として長州の様子をさぐっている、それが悪いのか」

ひらきなおる用意がある。

近藤としても見て見ないふりをしていた。


「旗本へ昇進」か？　それとも「倒幕」か？

伊東と近藤が広島から京都にもどってきてから、どちらから言い出したともいえないかたちで「分離」が問題になってきた。

きっかけは二つある。

まず、新選組の全員を正式に旗本にする話が具体化してきたことだ。旗本になると行動の自由が制限されるから、なんのために浪人して京都にやってきたのか、わけがわからないことになる。

もうひとつのきっかけ、これはわたくしの推測なのだが、長州関係者との接触から伊東は「倒幕」があらたな政治目標として浮かびあがってきたのを察知したのではないか。

相国寺《しょうこくじ》の隣りの二本松の薩摩藩邸で薩長倒幕同盟が結ばれたのはこの年の正月、伊東が広島に行っていたあいだのことだ。

伊東は大久保利通《おおくぼとしみち》などの薩摩関係者とも接触している。同盟そのものまでは知らないにしても、同盟締結の雰囲気ぐらいは感じていたはずだ。

倒幕となると、もう新選組に入っているわけにはいかない。

九月の二十六日、近藤の愛人のひとりの深雪太夫《みゆきだゆう》の家で伊東・篠原と近藤・土方が激論を交わした。深雪太夫の家は堀川通七条の東南にあったらしい。

分離のことをもちだしたのは伊東である。

「おたがい、別々にやるのがよかろう」

「敵対するつもりかな？」

「敵になるわけではない、あくまで分離である。別々の立場からおなじ目的に向かう」

伊東はウソを言っている。近藤に伊東のウソがわからないわけはないのだが、だまされたのを知らぬふりで分離を認めた。

年が明けて慶応三年（一八六七）三月、伊東グループ十五名は松原通西寺町の長円寺に移った。身分は「孝明《こうめい》天皇御陵衛士《ごりょうえじ》」である。

孝明天皇は前の年の十二月二十五日に亡くなったばかり、まだ御陵はできていない。しかし皇室と関係の深い泉涌寺《せんにゅうじ》の裏の泉山《せんざん》に御陵がつくられるのは決まっている。伊東はこれにとびついた。

泉涌寺の塔頭《たっちゅう》、戒光寺《かいこう》の湛然長老から朝廷に話を通じて、孝明天皇御陵衛士という役職を新設してもらったのである。

御陵の建設を管轄し、陵ができたあとは護衛するという役職だが、もちろん伊東に墓守りをして一生を送るなんていう殊勝《しゅしょう》な心掛けがあるわけはない。御陵護衛を名目にして朝廷と結びつこうとしたわけだ。別の表現をすれば、この時点で倒幕派として名乗りをあげたことになる。

西寺町の長円寺は仮りの宿舎で、六月になってから東山の高台寺の塔頭、月真《げっしん》院《いん》に移って「禁裏《きんり》御用御陵衛士屯所」の看板をかかげた。「禁裏」とは、皇居、御所のことだ。

このときに山陵奉行の戸田大和守《とだやまとのかみ》の配下になることが決まったらしい。つまり御陵衛士は「禁裏御用」であり、かつまた「山陵奉行管下」としてささやかながらも幕府の機関でもある。朝廷と幕府の両方にかかわりをもつわけで、立場としては強い。

子母沢寛『新選組始末記』によると、「篠原泰之進が泉涌寺から聞きとった」こととして「菊ニテ苦シカラズ」としるした文書が残っているそうだ。これはたぶん伊東か篠原が、「御陵衛士の紋として朝廷とおなじ菊の紋を使えるようにとりはからってほしい」と交渉した結果にちがいない。

朝廷とおなじ菊の紋が使える――こころづよいものを伊東は感じていたろう。そしてこれが伊東の油断につながらなければいいがと、余計なことまで考えてしまう。

伊東グループが月真院に移ったのとほとんど同時に新選組の全員が旗本になっ

之助《のすけ》などが大御番組というランキングである。

た。近藤が大御番組頭取《おおごばんぐみ》、土方歳三が大御番組頭、沖田総司や永倉新八《ながくらしんぱち》・原田左《さ》

新選組に残留した伊東グループの悲劇

高台寺は豊臣秀吉の夫人、北政所《きたのまんどころ》が建てたものだ。

東山を借景とした池泉《ちせん》回遊式の庭園は小堀遠州《こぼりえんしゅう》が設計したともいわれ、高台寺蒔絵《まきえ》で有名な霊屋《たまや》などで壮麗をうたわれていた。

しかし伊東甲子太郎をはじめ御陵衛士の面々は高台寺の様子をながめて楽しむ暇もなく、伊勢へ九州へ、あるいは瀬戸内沿岸へと倒幕をめざして遊説《ゆうぜい》にかけまわっていた。

もうこのころはスローガンとしての攘夷なんかはふっとんでしまい、倒幕一本にしぼっている。

孝明天皇は幕府を信頼していた。なかでも新選組をあずかる守護職の松平容保に対する信頼は格別であった。

その孝明天皇はいまや亡くなり、新しい天皇ははじめから倒幕派の懐《ふところ》に深く

御陵衛士《ごりようえじ》の屯所が置かれた月真院《げつしんいん》

かかえられていて、幕府にとって状況は不利になってきている。

話をもどすが、慶応三年のはじめに新選組の本営は西本願寺から不動堂《ふどうどう》村に移った。

堀川通を下がってJR京都駅のガードをくぐる手前の左に不動堂村があった。一町四方の土地を買いもとめて、大名屋敷のような堂々たる屋敷をつくった。調練場もあったはずだ。

移転にともなう費用は西本願寺からもぎ取ったという説もあり、いくら新選組でもそんなひどいことはやらないはず、などと意見が分かれるところだ。

それはともかくとして、文久三年(一八六三)に壬生の八木邸で誕生してから三年近くして新選組はようやく自前の基地をもった。

さてところで、新選組には伊東グループのスパイが残留しているし、新選組のスパイもまた御陵衛士のなかに食い込んでいる。

たがいにスパイを送り込んで情報蒐集《しゆうしゆう》と組織破壊をやっているのは滑稽だが、やっている当人たちは大真面目、生死をかけてやっているんだから笑ってはいけない。

新選組に残った伊東グループは佐野七五三之助《さのしめのすけ》、茨木司《いばらきつかさ》、富川十郎《とみかわじゆうろう》、中村五《なかむらご》郎《ろう》といった面々だが、これが最初に行動を起こした。

全員が旗本になると決まったとき、「それは困るから脱退させてくれ」と騒ぎだしたのである。

彼ら十人は隊長の近藤を相手としないで、京都守護職屋敷へ直接出かけていって脱退届を提出した。守護職の松平容保に、「新選組に内紛が起こっているのではないか？」と疑惑をいだかせるのが狙いだったにちがいない。

守護職では彼らを引き取らせたうえで新選組に問い合わせると、「決してお採り上げないように」との返事だ。

翌日、十人が守護職屋敷に行くと、しばらく待たされたあとで佐野、茨木、富川、中村の四人が奥の一室に通され、食事をしているところを後ろから刺されて殺されてしまった。ほかの六人はとくに伊東グループとの関係もなかったので、命はそのままに追放された。慶応三年六月十四日の事件だ。

惨劇のあった守護職屋敷は下立売《しもだちうり》通の釜座《かまんざ》通にあった。つまり、いまの京都府庁はそっくりそのまま守護職屋敷の跡に建っているのである。「京の幕府」として市民を恐怖させた守護職屋敷の跡地がそっくりそのまま京都府という地方自治体の庁舎になっている——ヘンな感じだ。

「御陵衛士《ごりょうえじ》」へ募《つの》る、近藤勇の憎しみ

近藤勇がついに腰をあげ、御陵衛士の一網打尽をはかったのは十一月になってからだ。伊東も同志四人を殺された復讐をくわだてていて、それはスパイの斎藤《さいとう》一《はじめ》から近藤に逐一伝えられている。

「高台寺の裏山に大砲を運び上げ、ドカーンとお見舞いするか！」

しびれをきらした土方が騒ぐのを、近藤は抑えていた。

近藤だって大砲弾をお見舞いしたい気分だろうが、ここは自分を抑えなくては、と思っている。

なぜか？

慶応三年の秋ともなると京都の政局は猫の目のように変わっていて、目が離せない。ただの新選組隊長ならともかく、大御番組頭取の旗本ともなったいまでは武闘一本槍というわけにはいかない。自分なりに、政治という化け物のことを考えたうえで行動しなくては、と思っていた。

では、それならなぜ近藤は、十一月になってから御陵衛士一網打尽の武力行使

守護職屋敷跡に建てられた京都府庁

京都府庁の庭に史蹟が残っている

に踏み切ったのか？

薩摩や長州の巨大勢力ならともかく、御陵衛士なんていうささやかな朝廷側勢力をやっつけたところで政局にはほとんど影響がない。それはわかっているはずなのに。

十月の大事件が鍵だ。

十五代将軍になったばかりの徳川慶喜《よしのぶ》は十月十四日に大政奉還《たいせいほうかん》を申請し、翌日に許可された。

慶喜は将軍ではなくなり、最強最大の大名として新たな権力の構築をめざしている。将軍の重荷をかなぐり捨てて、守勢から攻撃に転じようとしていた。

ここで御陵衛士に対する近藤の見方が変わってきたはずだ。

途中から新選組に入ってきてガチャガチャひっかきまわした憎らしいやつ、というのから、徳川中心の新権力構築の前に立ちはだかる邪魔者という見方へ変わった。大義名分ができたのに気づいたといってもいい。

龍馬暗殺と時期が符合する伊東暗殺

そのつぎの謎——近藤が御陵衛士の抹殺を決行したのは十一月十八日だが、なぜこの日が選ばれたのか？

坂本龍馬暗殺との関係だ。

龍馬暗殺と新選組とは直接の関係はない。龍馬が暗殺されたとき、誰の頭にも新選組の名が浮かんだが、じっさいには京都見廻組の今井信郎《いまいのぶお》や佐々木只三郎《ささきただざぶろう》などの行動だった。

では、新選組が龍馬を狙ってはいなかったのかというと、そんなことはない。薩摩と長州の手を結ばせ、将軍の大政奉還へのシナリオを書いた憎むべき者として龍馬暗殺は新選組の仕事にもっともふさわしかった。

だから近藤は龍馬を狙っていた。おなじように京都見廻組も龍馬を狙っていて、あっちに負けるなと競争意識もはたらいていたにちがいない。

龍馬暗殺の日——十一月十五日——には近藤は病気で、深雪太夫の妹の家で寝ていたという話がある。妹もまた近藤の妾になっていたのだそうだ。

それから二、三日して近藤が深雪太夫の家にやってきて、「佐々木只三郎らが坂本をやっつけたので、愉快に酒が飲める」

そう言って佐々木を呼びにやり、大一座で酒宴をひらいたという。

これは『新選組始末記』に出てくるエピソードで、著者の子母沢寛も「談話の真偽はともかく」との不審づきで紹介しているものだから、そっくりそのまま信用していいものではなかろう。

新選組を研究していた鹿島淑男《かしまとしお》というひとが明治四十年、七十一歳になっていた深雪太夫と汽車で会い、いろいろ聞いた話のひとつだという。

そっくりは信用できないにしても、龍馬暗殺から二、三日めに近藤が深雪太夫の家に来たというのは事実と合っている。三日めの十八日は、近藤が伊東甲子太郎を深雪の家に呼び出した日なのだ。

龍馬暗殺は見廻組に先を越された。くやしくないわけはないが、それならそれ、御陵衛士の壊滅に新選組の全力をぶっつけられる——「愉快に酒が飲める」気分になるのもわかるではないか。

一網打尽にされた「油小路《あぶらのこうじ》の決闘」

十一月十八日、近藤は伊東甲子太郎を七条堀川の深雪の家に呼び出した。「頼まれていたカネの用意ができた」が口実だったといわれるが、はっきりはしない。

数日前、斎藤一がひそかに新選組を訪ねていた事実があるので、仲間は危険を感じてひきとめたが、

「なーに、まさか斬られはすまい」

伊東は気にするふうもなく、出かけていった。

近藤のほか、土方・山崎・原田といった面々が待ちかまえていて、酒よ肴《さかな》よの威勢のいい酒宴になり、昼ごろからはじまって終わったのが十時に近い。

駕籠《かご》にも乗らず、伊東はひとりで歩いて木津屋橋《きづや》に来たところを、暗闇から槍が突き出て肩から喉《のど》を刺された。とどめを刺そうとしたひとりを抜き打ちに斬ったが、もはやそこまで、本光寺《ほんこう》の前で絶命した。

伊東の死体は七条油小路の交差点に運ばれ、捨てられた。これを餌《えさ》に、御陵衛

士の残党をおびき出そうという計画だ。

計画はみごとに当たった。伊東が殺されたと知った御陵衛士の七人がとるものもとりあえずに駆けつけ、待ちかまえていた新選組四十人と激しい決闘になった。

月の明るい夜で、敵味方の顔がよく見えるなかでの決闘である。

藤堂平助がまっさきに斬られ、溝のなかにあおむけで絶命した。服部武雄《はっとりたけお》は民家の壁を背にして二刀をふるって斬りまくり、原田左之助が突き出した槍で仕留められた。毛内有之助《もうないありのすけ》も斬られた。

伊東甲子太郎と合わせて四人の死体は七条油小路に五日のあいだ放置されていた。御陵衛士の残党が取りにくるのを待って討ちとろうというわけだが、二度までもうまくいくはずはない。

この決闘は「油小路の決闘」といわれている。油小路は京都を南北に走るもっとも長い小路だが、七条のこのあたりでは堀川通の拡張にのみ込まれて消えている。

伊東が絶命したという本光寺《ほんこうじ》の前には石碑が建っているので、激しい決闘の様子をしのぶことはできる。

本光《ほんこう》寺前の「伊東《いとう》甲子《きね》太郎《たろう》外数名殉難之跡」の碑

伊東甲子太郎など御陵衛士の墓は泉涌寺塔頭の戒光寺《かいこうじ》の管轄だが、墓地は戒光寺の境内ではなく、おなじく泉涌寺の塔頭即成院《そくじょういん》の西に接している。泉涌寺の総門の手前の左手だが、ふだんは金網の門が閉まり、「甲子太郎などの墓地云々」の表示もないから目立たない。

5章

なぜ〝霊山《りょうざん》〟が志士たちの聖地となったか

——倒幕を推進させた〝神道〟と〝錦旗《きんき》〟

〈史蹟〉京都霊山護国神社　維新の道　坂本龍馬など志士の墓

〈人物〉福羽美静　玉松操　品川弥二郎　大村益次郎

200m
N
青蓮院門跡
知恩院
円山公園
八坂神社
白川
花見小路通
御幸町通
麩屋町通
富小路通
京都河原町駅
阪急京都線
四条通
祇園四条駅
京都霊山護国神社
長楽寺
将軍塚
大和大路通
建仁寺
東山安井
高台寺
霊山観音
安井金比羅宮
維新の道
霊山歴史館
河原町通
高辻通
松原通
京阪本線
清水道
八坂の塔
六道珍皇寺
坂本龍馬の墓
六波羅蜜寺
東山区役所
清水五条駅
東山警察署
清水坂
地主神社
若宮八幡宮
五条坂
清水寺
五条通
川端通
大谷本廟
泰産寺
方広寺
高瀬川
鴨川
豊国神社
東大路通
1
京都国立博物館
妙法院
渋谷通
七条通
七条駅
京都女子大学

なぜ、戊辰《ぼしん》戦争直前に招魂社《しょうこんしゃ》が建立《こんりゅう》されたか

京都霊山《りょうぜん》護国《ごこく》神社。

坂本龍馬と中岡慎太郎の墓碑の横に立つ木は、折り紙の千羽鶴で埋まってしまいそうだ。龍馬人気のすごさをあらためて感じる。

すこし高いところに墓はあって、坂道には、「龍馬、あなたはわたしの命」「ここへ来て生きる勇気がわきました。ありがとう、龍馬さん」などと書いた瓦《かわら》が並んでいるんだから、すごい。

霊山観音の南の道――「維新の道」という名がついている――をまっすぐ東に行った突き当たりの左が京都霊山護国神社で、右手には「霊山歴史館」がある。

墓碑は全部で五百四十九だそうだ。

ここは、おもしろい。

ものがものだけに「おもしろい」とは不謹慎かもしれないから、「興味ぶかい」と言い換えよう。

池田屋事件とか蛤《はまぐり》御門《ごもん》の変とか、幕末政治史の事件ごとにまとめられている

墓碑のグルーピングのおかげで、政局の動きがパノラマの感じで把握できるのである。

この護国神社はもともとは「霊山官祭招魂社」として建てられた。倒幕維新の犠牲者の霊をなぐさめるために明治政府が建てた神社だから、幕府方の犠牲者の霊は祀《まつ》られていない。

慶応四年（明治元年）五月十日、政府は京都の東山《ひがしやま》に招魂社を建てることを宣言した。

「癸丑《みずのとうし》（嘉永《かえい》六年）以来の殉難者の霊」と「伏見《ふしみ》戦争以後の戦死者の霊」を併《あわ》せて祀るものであるとの説明がついていた。

五月十日といえば、江戸の上野《うえの》にたてこもった彰義隊《しょうぎたい》に官軍が総攻撃をかける五日前、戊辰戦争がいよいよ本格化しようというときである。

官軍の戦死者はますます増えることが予想されている。だから将兵を勇気づけなくてはならない。

「安心して戦ってくれ。不幸にして戦死してもこの神社に祀り、国家として篤《あつ》く慰霊することを約束する」

国家に忠誠を尽くすのが立派な国民であり、忠誠を尽くして命を投げ出した者

坂本龍馬と中岡慎太郎の墓

は国立の招魂社で慰霊される——そういうシステムが誕生した。霊山官祭招魂社はこのシステムの舞台としてつくられたわけだ。

榎本武揚《えのもとたけあき》たちの箱館《はこだて》政権が降伏し、戊辰戦争が終わったのが明治二年五月十八日で、六月に政府は「東京招魂社」を建てると発表した。これによって「伏見戦争以後の戦死者の霊」は、じっさいには東京招魂社で慰霊されることになり、霊山官祭招魂社の神霊は東京に移される。東京招魂社がいまの「靖国《やすくに》神社」である。

しかし京都招魂社は廃止されず、「京都霊山護国神社」としてつづくことになった。いまでは太平洋戦争の戦死者の霊も「護国大神」として祀られている。以上のように書いてくると、護国神社はこの場所に突然建てられたような印象になるだろうが、そう単純なものではない。こうなるだけの歴史的な理由があったのだ。

最澄《さいちょう》まで遡《さかのぼ》る護国《ごこく》神社前史

霊山は「ふとん着てねたる姿や東山」と謳《うた》われた東山三十六峰のひとつだ。

「霊鷲山《りょうじゅせん》」といい、インドのマガダ王国にあった山の名で、シャカが法華経を説いたところとされている。

平安時代に光孝《こうこう》天皇が最澄を開基として「霊山寺」という寺を建てたが、まもなく荒れてしまい、南北朝時代に時宗《じしゅう》の国阿《こくあ》という僧が再建して「霊山・正《しょう》法寺《ほうじ》」とした。

正法寺はいまでも歴史館の東南にあるが、明治までは境内《けいだい》の面積が二万二千坪、塔頭《たっちゅう》が十四もある巨大な寺院だった。

文化六年（一八〇九）、村上都愷《むらかみくにやす》というひとが正法寺の塔頭、清林庵《せいりんあん》の敷地の一部を買いもとめて神道による葬祭の場所とした。

お寺の隣りで神道の葬祭が行なわれるのは奇妙な感じだが、神仏習合の風習が強かった時代だから、どうということもない。

それよりは、これではじめて神道の葬祭が行なわれるようになったところに重要な意味がある。

仏教に押されて神道は沈滞していた。まったく活動していないわけではないが、天皇や貴族、武士の宗教生活が仏教にかたむいている関係から、受け身の姿勢がずっとつづいてきた。

神道の葬祭をやる――市民のなかに神道が打って出てきたのだ。

村上は唯一神道の本家の吉田氏の許可を受けて、ここに「霊明神社」を建てた。正法寺の塔頭の清林庵の敷地の一部が霊明神社となり、そのまた一部が明治政府の所有となって護国神社が建てられたのである。

霊明神社ははじめ千坪、あとから九百坪が追加買収されたというから、順調に勢力を伸ばしていたとみられる。

護国神社の墓地の南に霊明神社があり、霊明神社の南の石段を上がっていくと正法寺になる。そのむかしに比べるとすっかり小さくなってはいるが、境内からの眺望は格別なものだ。

尊攘思想を支えた「国学」と「神道」

「維新の道」をのぼってゆく。

左が霊山観音で、右手に「翠紅館《すいこうかん》の跡」と記した標識がある。

江戸のはじめまではここに、正法寺の子院の「東光寺」があった。市内を一望に見下ろす眺望にめぐまれていたところから、東光寺の寮が「叔阿弥」という貸

維新の英霊たちを祀《まつ》る霊 山《りようぜん》護国《ごこく》神社

席になった。

文人が書画の会をひらいたり、市民が集まって遊興の時をすごしていたが、まもなく翠紅館とあらたまる。

そして幕末――文久三年(一八六三)正月二十七日、翠紅館の奥まった部屋では尊攘派志士の大集会がひらかれていた。尊攘派は京都を牛耳《ぎゅうじ》って意気さかん、将軍家茂《いえもち》の上京も迫っている。

肥後の宮部鼎蔵《みやべていぞう》・河上彦斎《かわかみげんさい》、土佐の武市瑞山《たけちずいざん》、対馬《つしま》の多田荘蔵《ただしょうぞう》、津和野《つわの》の福羽美静《ふくばびせい》、水戸の山口徳之允《やまぐちとくのじょう》・金子勇次郎《かねこゆうじろう》、長州からは久坂玄瑞《くさかげんずい》・松島剛蔵《まつしまごうぞう》・寺島忠三郎《てらじまちゅうざぶろう》・志道聞多《しじもんた》(井上馨《かおる》)といった錚々《そうそう》たるメンバーのほかにも、名の知られた尊攘志士が集まってきている。

そこへ突然、

「おおッ、あれは……!」

長州藩の若殿さま、毛利定広《もうりさだひろ》が前触れもなく登場してきたのだから一同が感激したのも無理はない。

「もはやこれで、将軍の首ねっこをつかまえて攘夷の具体策を上申させるのは実現したも同様!」

「攘夷宣言、そして御親政へと、ぐんぐん押していこう!」

ぐんぐん押していくのはいいが、八月十八日のクーデターでぺしゃんこになってしまう運命を、彼らはまだ知らない。

それはそれ、翠紅館会議に出席していた志士のひとり、津和野の福羽美静に注目しなければならない。

石見《いわみ》の津和野は「山陰の小京都」ということで若いひとの人気が高い。

その津和野から肩をいからせて京都にやってきた福羽美静の、どこに注目するかというと、神道である。

福羽の爪先《つまさき》から頭のてっぺんまで神道の精神が詰まっている。神道が羽織を着て刀を差しているみたいな武士だ。故郷の津和野では上から下まで、藩をあげて「神道、神道」と熱中している。

津和野の藩校は「養老館《ようろうかん》」といって、はじめのうちは儒学を教えるふつうの藩校だった。

それが嘉永《かえい》二年(一八四九)から、国学や神道を中心とする教学に一変する。津和野出身で、そのころは京都で「報本学舎《ほうほんがくしゃ》」をひらいていた大国隆正《おおくにたかまさ》の建言の結果だ。

それまでの津和野藩は文明開化政策で突っ走っていた。オランダ医学を採用して幼児に種痘《しゆとう》をうえつけたり、江川《えがわ》流の軍学を採り入れて新式のゲベール銃の軍備をつくっていた。それが養老館の学制変更とともに一変をとげ、古式ゆたかな長沼《ながぬま》流にあともどりするという、驚くべき復古主義の道を走ることになった。

福羽美静はその養老館で国学教授をしていたひとだ。津和野版〝文化大革命〟の申し子みたいな存在で、文久二年（一八六二）に京都へ出てきた。

国学や神道を重視する福羽の姿勢はまっすぐに尊皇攘夷につながる。

ほかの尊攘の志士に国学や神道への共鳴がないわけではないが、尊皇攘夷という政治目標が優先していて、国学や神道は政治目標達成のための補佐的なものにとどまっている。福羽のように「まず国学と神道、したがって政治は尊皇攘夷」というのとは熱の高さが比較にならない。

志士たちの英霊に誓った〝密謀〟

福羽が京都に来たのは日本の政治を津和野とおなじように変革するためだ。神道にもとづく政治と社会、それが津和野流の、福羽流の尊皇攘夷なのである。

志士たちが密謀をこらした翠紅館《すいこうかん》跡

神道国家日本がすぐに実現するわけのものではないのはわかっている。とりあえずの目的として、癸丑（嘉永六年）以来の国難に倒れた先輩の尊攘志士の慰霊祭を霊明神社で挙行しようと計画していたのだ。

霊明神社のことは師の大国隆正から聞いて知ったのだろう。

そしてまた、尊攘志士のための神道による正式な慰霊祭がいまだに京都では行なわれていないのも知っていて、尊攘を叫ぶ新しい形の神道を全国にひろめる絶好のチャンスと思ったにちがいない。

京都にも神社はたくさんあり、尊皇攘夷を祈っている。

ただし、祈るだけで実践はしないし、神道にもとづく政治体制めざして現状を改革しなければならない、とも言わない。

津和野藩の神道、福羽美静の神道はそういった従来の神道のなまぬるさを批判するところに生命がある。

文久二年一月十四日、霊明神社で尊攘志士の合同慰霊祭が行なわれた。

どれくらいの規模だったか、詳しいことはわからないのだが、とにかくも福羽は神道による合同慰霊祭が尊攘運動のデモンストレーションになることを証明してみせた。

霊明神社の慰霊祭は、京都に集まっている志士に強い印象を与えたはずだ。そして霊明神社が志士のふるさと、聖なる地として意識されるきっかけになった。翠紅館の尊攘志士大集会はそれから一年後にひらかれた。

尊攘派は京都を牛耳っているから、幕吏の目を恐れる必要はない。つまり、場所はどこでもよかった。

そう考えると、翠紅館が会合場所に選ばれたのは霊明神社に近いことが歓迎されたのではないかと思う。

霊明神社の近くで尊攘運動の計画を相談すれば、神はかならずや計画を成功させてくれる、と思って疑わない。

神道思想の急先鋒・玉松《たままつ》操《みさお》とは？

龍馬と中岡慎太郎の墓は墓地の右手にあるが、左手に玉松操というひとの顕彰碑が建っている。

玉松は明治五年に亡くなった。つまり倒幕維新の途中で倒れたひとではない。その玉松の顕彰碑が、どうしてこの護国神社に建っているのか？

福羽美静の志士慰霊祭に力を貸したのではないか、と想像されるのが玉松操である。力を貸さないまでも、どうかうまく実現してくれればいいと祈っていたのはまちがいない。

玉松操は山本という位の低い公家の次男に生まれ、そういう家に生まれた者の宿命にしたがって醍醐寺《だいごじ》の無量寿院《むりようじゆいん》で学んだ。大僧都《だいそうず》法印《ほういん》の地位にまでのぼったのだから、そのままいけば仏教界の大物になれる。

だが彼はそれを拒否し、三十歳で還俗《げんぞく》してしまった。

国学を知り神道の研究を深めた結果、神仏習合などという従来の日本の宗教習慣は打破しなければならん、神道によってこそ日本は本来の道にもどらねばならんと決意した。

天保十二年（一八四二）、大国隆正が京都に「報本学舎」をつくると同時に入門して、尊皇報国の実践的な神道思想に磨きをかけた。大国隆正の門人というと第一に玉松の名が出るが、玉松とならんで一、二を争うのが福羽美静なのである。

大国隆正といっても、いまでは忘れられた思想家のひとりというしかないが、昭和二十年の敗戦までは「大国隆正先生」といわなければ学校の先生に叱られる、それぐらい畏敬《いけい》されたものだ。

すこしだけ隆正の言葉を紹介しておく。

「日本国は世界万国の総本国なり、否《いな》、天皇は地球上の総統におわします」（『尊皇護国論』）

ものすごい。

こういうものすごい神道思想でむすばれたのが玉松と福羽の先輩後輩である、福羽が霊明神社で尊攘志士の慰霊祭を挙行すると聞けば、じっとしてはいられない玉松だったはずだ。

玉松は近江《おうみ》の坂本《さかもと》で神道と国学の塾をひらいていた。福羽のように実践活動に身を投じるよりは、教育を通じて神道思想の底辺をひろげていく啓蒙活動のほうが自分にはあっていると考えたからだろう。

それも長くはつづかない。

攘夷派に排斥されて洛北《らくほく》に隠れている岩倉具視《いわくらともみ》という公家が、なにやら「王政復古」といったような政権構想を考えているという噂を耳にしたのである。

「いかにも、あのひとの孫らしい！」

あのひと、というのは岩倉具集《ともあい》、つまり具視の祖父に当たるひとで、玉松とは報本学舎の同窓なのだ。

そうと知ると、自分には向いていないと思っていた生々しい政治への興味がわいてきた。

玉松は坂本をひきはらって京都にもどり、岩倉の家にかよっては王政復古プランについて議論するようになった。慶応三年の十月ごろである。

この時期には岩倉も市中に住むことが許されている。岩倉の自宅は御所の堺町御門の近くだが、このころは寺町通今出川《いまでがわ》下ルにあった実相院門跡《じっそういんもんぜき》の里の坊を仮の宿としていたようだ。実相院が岩倉村の侘《わ》び住まいの近くにあった関係だろう。

玉松の自宅は新町《しんまち》通中立売《なかだちうり》上ル西側にあった。

倒幕を覚悟させた〝神武《じんむ》東征〟の錦旗《きんき》

維新政府の体制は神道を国教とするところに基本があった。行政が神道の精神にもとづいて行なわれるわけで、文字どおりの「祭政一致」の体制だ。

天皇が最高権力をにぎるのだから、神道を国教とする祭政一致は当然ではない

志士たちの遺品などが展示されている霊山《りようぜん》歴史館

おびただしい数の志士の墓

かという意見があるだろうが、そんなに単純なものではない。

岩倉具視をめぐる公家たちは、新しい政府は建武中興《けんむのちゅうこう》を目標とすべきだと考えていた。

実際に政権を運営した最後の天皇は後醍醐《ごだいご》天皇なのだから、新しい政府の目標は建武中興だというわけだ。論議を尽くした結論というよりは、そうなって当然、ほかに何があるかといったものだ。

玉松は、

「そうではありませぬ！」

決然として言い放った。

「神武《じんむ》天皇が日本の政治をおはじめになった、あのときにもどらねばなりません」

ものすごい神道思想の大国隆正の一番弟子の玉松である、将軍徳川慶喜《よしのぶ》が大政を返上するという最後の瞬間に、なんとものすごい構想を主張したものだ。

岩倉や岩倉の同志の公家たちが尻込みしなかったのは、神武天皇の政治の実際を知らなかったからだ。

しかし、尻込みしないのと、「よし、それでやる！」と決意するのとのあいだ

志士の聖地・霊山《りょうぜん》から京の街を望む
（手前が霊山護国神社）

には心理のうえで相当なひらきがある。徳川方の大名連合軍と戦争する場合も計算に入れなくてはならないのだから。

彼らに倒幕を覚悟させたのは、なんであったか？

玉松操がふところから出した一枚の絵であった。

「ごらんください」

「それは……？」

「徳川との一戦を覚悟しなければならないわけですが、征討大将軍としては何方《どなた》が予想されておりますか？」

「仁和寺《にんなじ》の純仁法親王《じゅんにんほうしんのう》に還俗《げんぞく》していただき……」

「よろしい。軍隊は天子の軍であります、そのしるしにこの旗標《はたじるし》をかかげます」

「おおッ、錦旗《きんき》か！」

玉松は日月章の錦《にしき》の旗、菊華《きっか》章の紅白の旗、それぞれの旗の図案を用意していた。神武天皇が東征のときに使ったといわれる錦旗を参考にしたものだ。

錦旗のデザインを見たときにはじめて岩倉たちは、倒幕戦争を実感として覚悟したにちがいない。

大久保利通《としみち》が紅白の緞子《どんす》を買いもとめ、図案といっしょに長州の品川弥二郎《しながわやじろう》に渡した。弥二郎がこれを山口に持って帰り、軍の会議所で錦の旗に仕立てた。

官軍の「錦の御旗《みはた》」は西陣織の本場の京都で作成されたたに決まっていると思うひとが多いだろうが、京都ではなく山口でつくられたのだ。

鳥羽伏見で大勝利をおさめた官軍が江戸へ攻めくだるとき、「トコトンヤレ節」という軍歌がうたわれた。第一節の歌詞を紹介する。

〽宮さん宮さんお馬のまーえにヒラヒラするのはなんじゃいな
　トコトンヤレトンヤレナ
あーれは朝敵征伐せよとの錦の御旗じゃ知らないか
トコトンヤレトンヤレナ

作詞者は品川弥二郎で、作曲はおなじ長州の大村益次郎《おおむらますじろう》だとされている。

弥二郎がなぜ「錦の御旗」の文句を入れたのか、考えなくともわかる。錦旗の現物を最初に見たのは彼自身だったからだ。

6章

なぜ将軍家茂《いえもち》は、〝石清水《いわしみず》〟で進退きわまったか

――「公武合体」ではなく「尊皇攘夷」を強《し》いられた将軍

〈史蹟〉石清水八幡宮　下鴨神社　上賀茂神社

〈人物〉徳川家茂　岩倉具視　一橋慶喜　高杉晋作

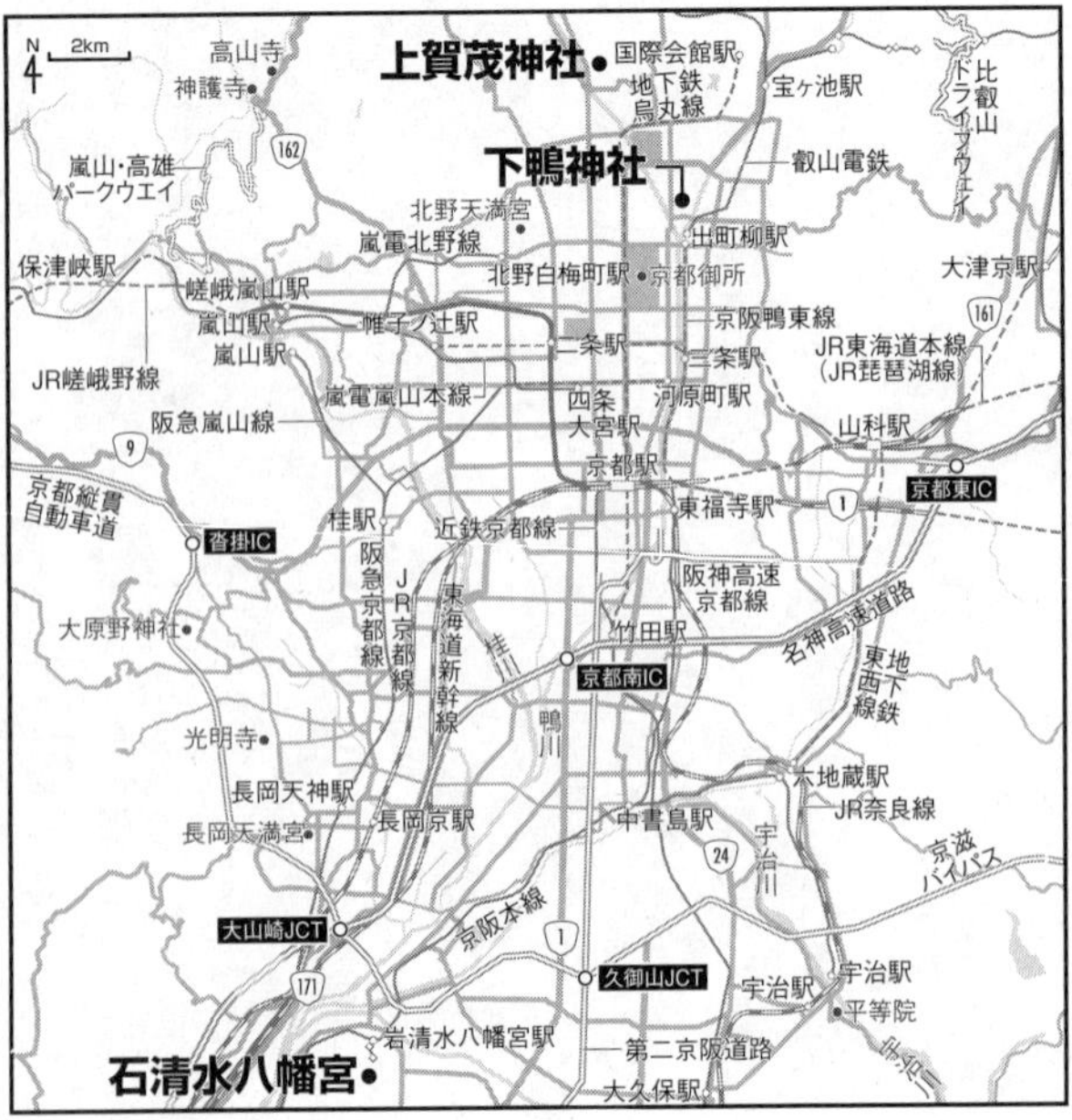

N
2km
上賀茂神社
下鴨神社
石清水八幡宮
高山寺
神護寺
嵐山・高雄
パークウエイ
国際会館駅
地下鉄
烏丸線
宝ヶ池駅
比叡山
ドライブウェイ
叡山電鉄
北野天満宮
嵐電北野線
出町柳駅
保津峡駅
嵯峨嵐山駅
北野白梅町駅
京都御所
大津京駅
嵐山駅
帷子ノ辻駅
京阪鴨東線
嵐山駅
二条駅
三条駅
JR東海道本線
(JR琵琶湖線)
JR嵯峨野線
嵐電嵐山本線
四条
大宮駅
河原町駅
阪急嵐山線
山科駅
京都駅
京都東IC
京都縦貫
自動車道
東福寺駅
桂駅
近鉄京都線
沓掛IC
阪急京都線
JR京都線
東海道新幹線
阪神高速
京都線
名神高速道路
大原野神社
桂川
竹田駅
京都南IC
東西線
地下鉄
鴨川
光明寺
六地蔵駅
長岡天神駅
JR奈良線
長岡京駅
中書島駅
長岡天満宮
宇治川
京滋
バイパス
大山崎JCT
京阪本線
宇治駅
宇治駅
久御山JCT
平等院
岩清水八幡宮駅
第二京阪道路
大久保駅
9
162
161
1
24
171

明治維新のもう一つの舞台

伊勢《いせ》神宮と石清水八幡宮《いわしみずはちまんぐう》——伊勢神宮のほうがずーっとポピュラーだ。

修学旅行とか町内の旅行とか、おおげさにいって、ほとんどの日本人が伊勢神宮参詣《さんけい》の経験をもっている。まだのひとも、いつか、きっと。

石清水八幡となると、さて、どんなものだろう？

「ハチマン？　めずらしくもないね。おれの田舎にもハチマンさまはあったよ」

あっちにもこっちにもある八幡さまの、寺院でいえば総本山みたいなのが石清水八幡宮だが、これが伊勢神宮に次いで二番目に朝廷の尊敬を集めていた神社だといっても信じられないひとが多いだろう。

京阪《けいはん》電車の「石清水八幡宮」駅の前からケーブルカーに乗ると、あっというまに社殿の前に着いてしまう。

正月十八日の「青山祭」や九月十五日の「勅祭石清水祭」のほかには、参詣する人の影もうすい。季節や日を問わずにゾロゾロと参詣人の列がつづく伊勢神宮とはおおちがいである。

石清水八幡宮は神仏習合の強い影響のもとで建てられ、長いあいだ「護国寺《ごこくじ》」という神宮寺の管理下にあった。

明治維新後の神仏分離、廃仏毀釈《はいぶつきしゃく》の政策で護国寺が打撃を受けた結果、石清水八幡宮はいまのように淋しい姿になってしまったのである。

この石清水八幡宮では、幕末維新の激しい政治抗争のうちで見逃すことのできない重要な事件が起こった。

その事件と幕府の倒壊とが直接つながっているわけではないが、噂を聞いた京都のひとびとは「幕府の命も長くはないかもしれないぞ」と予感したにちがいない。

つまり石清水八幡宮は明治維新の舞台であっただけでなく、明治維新がどのように展開したのか、身をもって体験した証人なのである。

仕組まれた皇女和宮《かずのみや》の降嫁《こうか》

文久三年《ぶんきゅうさんねん》（一八六三）三月、十四代将軍の徳川家茂《いえもち》が上洛した。

三代将軍の家光《いえみつ》が寛永《かんえい》十一年（一六三四）に上洛したあと、二百三十年の長期

石清水《いわしみず》八幡宮《はちまんぐう》へ登るケーブルカー

にわたって将軍の上洛はなかった。家光は三十万人の大軍隊をつれていたが、こんどの家茂の供揃えはわずか三千人、まことにわびしい。

京都は「攘夷！」の声で煮えくりかえっている。将軍は、そんな京都に来たくはなかった。カネもかかって、大変だ。

それなのに、なぜ家茂はやってきたのかというと、前年の二月に孝明天皇の妹の和宮《かずのみや》を夫人として迎えた、そのときからの約束なのだ。

「幕府の政治体制を改革します」

「和宮降嫁のお礼を申し上げるために上洛し、その際に攘夷の期日と具体策について申し述べます」

こういう誓約をとられている。

誓約をもぎとったのは岩倉具視《いわくらともみ》だが、その岩倉はいま「和宮を人質にした」という容疑で排斥され、暗殺におびえつつ洛北の岩倉村に隠れ住んでいる。「公武合体」などといえば命が危なくて、「尊皇攘夷バンザイ！」と叫ばなければ安心して住めない京都になっているのだ。

幕府には攘夷――外国との条約を破棄して鎖国状態にもどす気なんか皆無なのだが、井伊直弼《いいなおすけ》を殺された弱みがあるから、「おおせのとおり攘夷をいたします」

攘夷《じようい》祈願の行幸《ぎようこう》がなされた下鴨《しもがも》神社

と心にもないウソをついて朝廷の機嫌をとらなくてはならない。

「よしよし、将軍が攘夷決行を誓約しにやってきたぞ」

朝廷と、朝廷をとりまく攘夷派は得意の絶頂にある。思いのままに将軍家茂をひきまわしてやるぞとばかりに、シナリオを用意して待っていた。

シナリオを書いたのは長州藩の若殿さま、毛利定広《もうりさだひろ》である。

「攘夷の成功を神に祈るために、主上《しゆじよう》（天皇）が賀茂《かも》と石清水に祈願行幸《ぎようこう》なさる。もちろん徳川将軍はお供をしなければならん」

天皇というものは格別の用事がないかぎりは内裏《だいり》（皇居）の外には出ない。格別の用事のために外出するのを「行幸」といい、それは国家の行事なのである。

攘夷を目的として天皇が祈願行幸するのは、ただの祈願ではなくて攘夷の行動そのものだ。なぜなら、「祈る」のは天皇にとってほとんど唯一の行動形式であるから。

天皇の攘夷祈願行幸に将軍がお供をする、それは政権担当者としての徳川幕府が攘夷に踏み切ったことを意味する。

「攘夷祈願の行幸のお供をすれば、もう幕府としては後戻りはできない」

毛利定広が張りめぐらしていたクモの巣に将軍家茂という虫がひっかかったの

である。

将軍家茂の恥辱と苦悩

幕府としてもそのあたりは察知していたから、なんとかして回避の途《みち》はないかと模索していた。

家茂上京の翌日、将軍後見職の一橋慶喜《ひとつばしよしのぶ》が名代《みようだい》として参内《さんだい》した。

朕《ちん》は将軍を信用しておるからこれまでどおり政務を委任する、攘夷について忠節を尽くしてほしい——慶喜はこういう勅書をとりつけようとした。勅書を楯《たて》に、攘夷派の思いどおりにひきまわされないようにしようと計算したのである。

勅書が出ることになったのでひとまず安心と、三月七日に家茂が参内した。朝の八時ごろに宿舎の二条城を出て、もどってきたのが夜中である。家茂がどれほど辛《つら》い時間を宮中で過ごしたのか、これだけでも容易に想像できる。

「ご委任を受けた以上は以前のとおり政務を運営いたしますが、あらためて主上じきじきの勅書なり、お言葉なりをいただきたい」

勅書はくだった。そこまでは予想どおりだが、その勅書には、とんでもない但《ただ》し書きがついていた。

「事の性質によっては直接に諸藩へ指示することもある」

政務委任はイエスでもあり、ノーでもあるというわけだ。

重大な問題については将軍の頭越しに諸大名に指示するというのだから、これは将軍の独裁をまるっきり無視したのも同然なのである。

「こんなデタラメな勅書なんか、突っ返してやろうか！」

家茂の頭に怒りの言葉が浮かばなかったとは思えない。

しかし、それはできない相談だ。

「ありがたくお受けいたします」

家茂が宮廷を下がったとき、賀茂と石清水への行幸に随行せざるをえない羽目におちいっていた。

先にも書いたように、攘夷祈願の行幸は毛利定広がシナリオをつくった。つまり、家茂が受け取らされた勅書の「事の性質によっては諸藩に指示する」とは将来のことではなく、すでに現実のものとして動き出していたのである。

攘夷《じょうい》祈願——賀茂行幸《かもぎょうこう》と高杉晋作の皮肉

三月十一日、攘夷祈願のための賀茂行幸は盛大かつ、重々しい雰囲気のなかで行なわれた。

内裏を出てまず下鴨《しもがも》神社へ、それから賀茂川の堤《つつみ》を通って上賀茂《かみがも》神社へと進む行列の道筋は五月十五日の「葵祭《あおい》」とおなじだ。

「葵祭」の行列は華《はな》やかで、かつ雅《みや》びの色彩に満ちているが、この日の行幸には華やかさも雅びもなかった。

天皇の輿《こし》の前後には位《くらい》の高い公家がお供につき、さらにその前後を将軍家茂、後見職の一橋慶喜、水戸《みと》や尾張《おわり》の藩主、諸大名たちでかためている。シナリオを書いた毛利定広が先陣の大名のひとりとして肩で風を切っていたのはもちろんだ。

在位の天皇の行幸は、これもまた寛永三年（一六二六）以来、たえて久しくなかったことだ。京都に生まれ育った人も、諸国から集まってきた尊皇攘夷の志士もはじめて天皇が行幸する姿を見る。それはまことに一大政治デモンストレーシヨンだった。

行列が賀茂川の堤を進んでいたとき、

「いよーッ、征夷大将軍！」

見物のなかから声がかかった。

四、五間《けん》しか離れていないのではっきりと聞こえたらしく、家茂のお供の者が声の主のあたりを睨《にら》みつけたが、それだけで大事にはいたらなかった。

声の主は長州藩の高杉晋作である。

なぜ高杉は「いよーッ」などと、あんまり上品とはいえない声をかけたのか？天皇と将軍とが重々しく進む行列に声をかけるだけでも不敬罪に問われかねないのに。

「あれは将軍を誉めてやったのだ」

仲間から説明をもとめられたとき、高杉はこう答えたそうだ。天皇のお供をして攘夷を誓うとは感心である、誉めてやるに相当する、というわけだろう。

どうせ誉めるなら、「征夷大将軍さま！」とさまづけで誉めてやってもよさそうなものだが、それについて高杉自身は「攘夷を決行したならばさまをつけてやるつもり」と説明したそうだ。

下鴨神社から上賀茂《かみがも》神社（写真）へと一行は進んだ

賀茂行幸が成功したので、毛利定広の長州をはじめとして尊攘派は勝利の美酒に酔いしれている。

尊攘派の横暴は見ちゃおれん、とばかりに上京してきたのが公武合体派の希望の星の薩摩の島津《しまづ》久光《ひさみつ》だが、その久光さえも「どうせ、わたくしなんかに御用はないのですね」と怨みがましい言葉を残して去っていったほどだ。

去っていく久光の背中に嘲笑をあびせながら攘夷派は、賀茂の次は石清水への行幸だと準備にかかる。

賀茂への行幸が成功したのに、なぜまた石清水への行幸を計画したのか？

一度の行幸よりも二度のほうが攘夷の目的を達成しやすいはずだという足し算もあるだろう。将軍を賀茂にひきずっていった快感をもう一度あじわいたいという気分の問題もあったろう。

だが、それならもういちど賀茂行幸をやってもいいわけだ。

なぜ二度目は賀茂ではなくて、石清水なのか？

石清水八幡の神さまの性格を考えていくと答えが出てくるはずだ。

八幡《はちまん》の神とは、いったいどんな神か

そもそも八幡という神さまは豊前《ぶぜん》（大分県）の宇佐《うさ》地方の神さまだった。若宮、つまり児童の形をした神の誕生を、たくさんの幡《はた》を立てて祝う信仰だったという。「八幡」とは「多くの幡」という意味だ。

宇佐地方で銅が産出されるようになると八幡の神は鉱業の守護神になり、銅が貨幣の材料に使われた関係から中央政府とのつながりが生まれてきた。

こうなると八幡の神は——それを信仰する人々は——宇佐という地方区の神では満足できなくなった。中央に進出して、全国区の神になりたい。

東大寺《とうだいじ》の大仏が宇佐の銅で鋳造されたのをきっかけに奈良に進出し、「手向山《たむけやま》八幡宮」になった。これは東大寺の鎮守社である。

中央進出にこだわったことであきらかなように、八幡神は国家とか政治といったものに激しい興味をもっていた。

時代の変化に応じていく現実的なところもあって、「うちは神道なんだから仏なんかには関係しない」という保守的な姿勢はとらなかった。「仏教？　それもいいんじゃないか」という態度である。

平安時代のはじめには朝廷から「八幡大菩薩《ぼさつ》」の号を贈られた。仏教を理解し、共感している神という性格を宣伝し、朝廷に売り込んだ結果にちがいない。八幡神と菩薩とがくっついて、より上位の新しい神になる——神仏習合の典型だ。

都が奈良から平安に移ったので、八幡神は平安京にも進出した。

奈良から平安への移転で大きな役割をはたしたのは和気《わけ》氏だろう。『京都の謎—伝説編』（祥伝社刊）の第12章「怪僧・文覚《もんがく》が神護《じんご》寺を再興した理由」を読んでもらえばわかるように、八幡神の故郷の宇佐と和気氏との関係は深かったのだ。

平安京への進出がOKとなり、さて、平安京のどこに八幡神は鎮座すればいいか？

平安京なら場所はどこでもいいというわけにはいかない。八幡の神の威力をもっとも有効に発揮するには、それなりにふさわしい地形地勢というものが選定されなくてはならない。

「市内の、チマチマしたところでは物足りませんな。どこかこう、デーンとした場所でなくては……」

「もちろん。邪悪の企《くわだ》てを、邪悪の心の段階から恐怖させて断念させられる場所でなくては」

そうして選ばれたのが石清水とも呼ばれる標高一二三メートルの男山《おとこやま》の頂上だった。

これは偶然だが、標高一一二メートルは北区の船岡山《ふなおかやま》とほぼおなじだ。平安京の都市計画を決めるときに南北の中心線、朱雀大路《すざくおおじ》の基点となったといわれるのが船岡山である。

男山《おとこやま》に湧き出した清水《しみず》の霊力

さて、わたくし自身のことになって申しわけないが、朝起きて窓をあけると東寺《とうじ》の五重塔や京都タワーの向こうに男山が見える。毎日見ているだけに、この山が京都にとってどういう意味をもつのか、かえって説明に苦労する。

男山の右（西）に天王山《てんのうざん》、その麓《ふもと》に大山崎《おおやまざき》という土地があるのだが、その大山崎と男山とのあいだは二キロか三キロしかない、これが重要だ。

なぜかというと、この二キロか三キロしかない狭いところに京都と大阪、瀬戸内海をつなぐすべての交通手段が集中しているのである。

木津《きづ》川・宇治《うじ》川・桂《かつら》川がここで合流して淀《よど》川となり、道路は国道一号線・名神高速道路、大和《やまと》と丹波《たんば》をつなぐ山陰道もここを通っている。鉄道はJRの東海道新幹線と東海道線、阪急電車と京阪電車が狭いところに押し込められている。

水上交通も自動車も電車も、どれもこの狭いところを通過しなければ京都と大阪のあいだを往復できないのである。

電車とか自動車は現代になって誕生した交通手段だが、古い時代の水運も街道も男山と大山崎とのあいだでストップされれば手の打ちようがなかった。おおげさな話だが、男山と大山崎のあいだにダムをつくれば三本の川の水が堰《せ》きとめられて溜まり、京都は水底に沈んでしまう。

男山は天然の関所だった。

古くから「石清水寺」というお寺があったといわれるが、そのお寺の上からおおいかぶさるようなかたちで石清水八幡宮が鎮座したのである。貞観《じょうがん》二年（八六〇）のことだという。

山腹に湧き出ていた清水が石清水と呼ばれていたので、男山には石清水の別名がついた。この清水ゆえに男山は神聖な山として周囲の人の尊敬を集めていた。清水が神聖視されたのは平安京以前からのことで、そのころは首都の安全といった大きなことには関係がない。

平安京ができてから男山はにわかに全国区規模の注目をあびるようになり、政治に関心の深い八幡神が鎮座して安全を引き受けることになった。

源氏の氏神に祈願——進退きわまった家茂

男山に鎮座する前から八幡神は大菩薩の称号を受けていたが、男山に移ってから大帯神・比咩《ひめ》神の神号があたえられ、大菩薩とあわせて三柱の神が祭神となった。大菩薩は応神《おうじん》天皇、大帯神は神功《じんぐう》皇后、そして比咩神は宗像三女神だということになった。

奈良の手向山八幡とくらべると、男山に移ってからの八幡神が皇室の歴史のなかに食い込もうとしている姿がはっきりしている。八幡神は皇室の祖神を祀《まつ》る資格を認定されたわけだ。

神社のランキングもあがっていく。

はじめのうちは「奉幣七社」の対象、つまり朝廷が幣《ぬさ》をたてまつる七つの社のひとつとして賀茂神社や松尾《まつお》神社とならんでいたのが、伊勢の次に奉幣される朝廷の第二の宗廟《そうびょう》の位置を占《し》めるようになった。

庶民の信仰も受け付けるようになっていくが、それはいかにも時流に敏感な八幡神らしい姿だった。時代がどういう方向に動いていくのか、するどく察知する。

武士の力が政治を動かす時代になると見たら、いちはやく「八幡神は弓矢の神、戦勝の神である」と宣伝する。朝鮮半島に出兵した神功皇后や、皇后の出征中に生まれた応神天皇を祭神にしているのが活《い》きてくる。

源頼信《みなもとのよりのぶ》が誉田《ほんだ》八幡宮に祭文をささげて源氏の武運長久を祈ったときから、八幡宮は源氏の氏神だといわれるようになった。永承《えいしょう》元年（一〇四六）のことで、誉田八幡宮とはいまの大阪府羽曳野《はびきの》市にある八幡宮である。

徳川将軍家はもちろん源氏を名乗っているから、十四代の家茂が石清水八幡宮への攘夷祈願行幸に随行せよといわれて進退きわまるに至った根源はここにある。

頼信の子の頼義《よりよし》は八幡神に戦勝を祈願して「前九年の役」に出征していき、見事に勝利をおさめた。

凱旋《がいせん》した頼義は相模《さがみ》（神奈川県）の由比《ゆい》に石清水八幡宮を勧請《かんじょう》して感謝のしるしとした。これが鎌倉に移って鎌倉幕府の守護神になったのが「鶴岡《つるがおか》八幡宮」である。

八幡神の歴史についていささか長すぎる説明をしてしまったが、それもつまりは源氏と八幡との深い関係を知っておいてほしかったからだ。

病気を理由に行幸のお供を辞退

賀茂に行幸したばかりなのに、今度は石清水八幡宮へ行幸するという。

孝明天皇はそれでいいかもしれないが、京都にいる幕府首脳としては、「そればかりは勘弁してほしい」という気分だ。

賀茂なら、まだいい。

賀茂は朝廷にはゆかりの深い神社だが、武士とか徳川にはあんまり縁がない。

石清水八幡宮となると、そうはいかない。

源氏の精神的バックボーンの石清水八幡宮に参詣して「攘夷を決行します」と誓ってしまったら、後へひけなくなってしまう。「本気ではないんだ」と思っていても、「源氏の氏神たる石清水八幡に誓ったではないか！」とやられると立場が弱い。

家康のときに、「松平は徳川だ、徳川はれっきとした源氏である」と宣言してしまったのが悔《く》やまれる。本来の松平のままにしておけば、こんな苦労をさせられることはなかった――後悔は先にたたず。

石清水行幸ははじめ三月十八日と決定し、それが四月三日に、さらに四月十一日と延期になった。宮廷のなかにも反対のあったのがわかる。

京の街は戒厳令が発布されたみたいになった。

格子《こうし》のあいだや二階から行列を覗《のぞ》いてはならない、僧や尼さんは拝見してはならない、不潔なもの目障《めざわ》りのものはかたづけておけ、お帰りになるまで牛馬の通行は禁止する、火を燃やしてはならないなどと、じつにきびしい。

余談だが、いまの京都には「天皇にお帰りいただこう」という声があり、いくらか具体的な運動もあるのだが、当然ながら反対の声も強い。反対意見の代表が「京都に皇居ができると戒厳令の下で暮らすような毎日になってしまう」という

将軍家茂に攘夷の節刀《せつとう》はついにさずけられなかった
（石清水八幡宮）

ものだ。

孝明天皇石清水行幸を記憶している人はもう生きてはいないが、雰囲気としてはつづいているわけだ。

激烈な攘夷派公家としておそれられ、いまは行方不明になっている中山忠光《なかやまただみつ》が同志をひきいて京都になだれ込み、将軍や一橋慶喜を暗殺するそうだ、いや、ロシアの軍艦が大坂湾に入ってきて幕府首脳に圧力をかけるそうだ——物騒な噂のなか、いよいよ明日が行幸という夜になって、

「将軍家茂は病気のため、明日の石清水行幸にはお供いたしかねます」

供奉の辞退が正式にとどけられてきた。

前から噂はあった。

「石清水八幡の神前で、天子さまから将軍に攘夷の節刀《せっとう》がさずけられるそうだ」

「節刀を受けてしまえば、幕府はもう後戻りできんぞ」

「といって、受けぬわけにはいくまい？」

「仮病をつかって、お供を辞退するか。そのほかに手はあるまい」

節刀とは天皇の軍隊の大将であることのしるしだ。坂上田村麻呂《さかのうえのたむらまろ》も節刀を受けて蝦夷《えぞ》征伐に行ったわけだ。

御拝《ぎょはい》の儀式に出なかった一橋慶喜《ひとつばしよしのぶ》

将軍が病気でお供できなくなったから、後見職の一橋慶喜が名代でお供した。

行列は内裏の南門から出て堺町《さかいまち》御門を抜け、三条油小路を通って西九条の稲荷《いなり》神社のお旅所《たびしょ》で小休止、城南宮《じょうなん》で昼食し、鳥羽《とば》村から淀を経て八幡の下の坊に着いたときには春の日も暮れかかっていた。

ケーブルカーはないから天皇は板の輿《こし》に乗って男山の頂上にのぼり、豊蔵坊を宿舎として真夜中の御拝の儀式が行なわれる。

御拝の儀式は進み、いよいよ攘夷の節刀がさずけられる。

「将軍後見職、一橋慶喜をお召しじゃ！」

係の神官が声をはりあげたが、返事はない。

「お召しで、あるーッ」

またも返事はない。

返事はないはずだ。慶喜は男山にはのぼらず、麓《ふもと》の寺でやすんでいたのだから。

なぜ慶喜は八幡の社殿にのぼらなかったのか？

慶喜本人は「仮病ではない、ほんとうに下痢《げり》をしていたんだ」と明治になってから説明している。

「あの時私は仮病を遣《つか》ったように書いてあるが、実はそうではない、真に下痢をしたので、途中で休み休み御供をしたくらいで、八幡へお供したところが、山の上までは何分にも登ることが出来ない。召されることは召されたけれども……それからすっかり装束を取って臥《ふ》せていた」（『昔夢会筆記』）

「仮病どころではない。苦しくって歩くことができなかった。なに、宜《よろし》ければ出るよ。ようようのことでお供をして帰ったというようなところだ」

後になればなんとでも弁解はできる、というものではあるが、ここはまあ、慶喜の説明を信用しておこう。というのは、将軍家茂の「病気」について慶喜はなかなか重大な証言をしているのである。

狂歌――「どうせ攘夷はできやせぬ」

まず整理しておきたい。

竹林に囲まれた、八幡宮へ続く道

攘夷を祈願する孝明天皇の行幸は文久三年（一八六三）のうちに三度計画された。

最初が三月の賀茂、二度目が四月の石清水、最後が八月の大和だ。賀茂と石清水は実行されたが、三度目の大和行幸の直前に公武合体派のクーデターが成功して、攘夷派はペチャンコになってしまう。

賀茂から石清水へと舞台が移ると、行幸の狙いが激烈になった。言い換えると賀茂のときには攘夷派の狙いもおだやかなもので、たとえば、と慶喜は証言する。

将軍はすわって、天皇の鳳輦《ほうれん》（天皇の乗り物）が通るのにお辞儀をする。鳳輦のすぐあとに関白などの高級公家が通っていくから、将軍はなりゆきからして公家たちにもお辞儀をすることになってしまう。

「昔なら関白でも将軍家の前を挨拶もしないで黙って通るということはならぬものを、ただ大手を振って通る。それを大いに愉快として、将軍の権威を堕《おと》したといって、そういうところへもっぱら力を入れるのだ」

賀茂のときには子供じみたところで喜んでいたのだが、石清水になると狙いが激烈になった。それを慶喜に言わせると、

「八幡行幸の時には、ひとつ間違えば破裂もしようという形勢があって、諸藩から皆固めの兵も出、長州などからも出て軍服で固めたというわけだ」

一触即発の危機――軍事衝突のおそれがあると幕府は判断した。

そういうところへ将軍を出すわけにはいかない。火に油をそそぐようなものだ。

そこで幕府はどうしたかというと、慶喜はこう言うのである。

「あれ（石清水行幸）は理屈においても（将軍が）出なければならぬが、この間も話したとおり、なにぶん心配する点もあったのだ。それで結局、当日『御不快』ということでお断わりになれば子細ないというわけであった」

「行幸のあるのに供奉は嫌だという理屈はないのだから、差し掛かり『不快』としてお断わりする積《つも》りで、そうなったのだね」（『不快』のカッコは高野がつけた）

後見職の一橋慶喜が言うのだから、将軍家茂が病気でなかったのにウソはないだろう。家茂が姿をみせれば攘夷派が興奮してしまって、刀の柄《つか》に手をかけないとはいえない状況である――と幕府は判断したのである。慶喜が代理で行けば、そこまでは攘夷派を刺激しないだろう、と。

しかし、まだ疑問はのこる。

慶喜もまた仮病を使ったのではないか、攘夷の節刀を受け取らされるのが嫌なものだから。

真のお太刀は要らないものよ
　どうせ攘夷はできやせぬ

石清水行幸のすぐあとで、こんな狂歌がうたわれた。この噂には現実性があったのだ。

この疑問を、慶喜はなんと説明するか？

「節刀のことは、幕府のほうではまったく知らなかった。知らないものを恐れるはずがない」

コロンブスの卵みたいな、じつにあっさりした謎解きになったものだ。

――では、もし知っていたなら、どうしていましたか？

意地の悪い質問だが、慶喜はどうするだろう？

――仮定の質問に答える必要はない！

電球を発明したエジソンの記念碑

各時代の遺跡に囲まれた石清水八幡宮

とにかく石清水八幡へのぼってほしい。三百六十度の眺望の中心に身を置くと、「お山の大将、おれひとり！」そのままの気分になる。

長い歴史につきあってきているから、石清水八幡のあたりは遺跡の重層状態になっている。

南北朝の抗争時には男山をめぐる激しい争奪戦がくりひろげられた。南北朝の抗争はだいたいにおいて北朝が優勢だったが、男山を南朝が占領していたときにかぎっては南朝方が優勢だった。「後村上《ごむらかみ》天皇行宮址《あんぐうあと》」や「正平役園殿口古戦場」の石碑は南朝方有利の戦況を物語っている。

社務所の西の神苑《しんえん》に「エジソン記念碑」がある。トーマス・エジソンが白熱電球を発明したとき、八幡の竹を材料にしてフィラメント（発光体）をつくった。それを記念して昭和九年に建てられたものである。昭和三十三年に現在地に移動し、昭和五十九年にデザインが一新した。

男山の麓の「松花堂跡《しょうかどう》」も見逃せない。寛永時代の文化人として名高く、近衛《このえ》信尹《のぶただ》・本阿弥光悦《ほんあみこうえつ》とならんで「寛永の三筆」と呼ばれる松花堂昭乗《しょうじょう》がいとなんだ方丈《ほうじょう》と茶室の跡である。

昭乗は石清水八幡宮の社僧としてつとめていたひとで、阿闍梨《あじゃり》法印といういかめしい肩書をもっていた。

7章

なぜ岩倉具視《いわくらともみ》は、同志から命を狙《ねら》われたか

――「和宮降嫁」がもたらした政変劇

〈史蹟〉 岩倉具視幽棲旧宅　霊源寺　実相院　大雲寺

〈人物〉 岩倉具視　和宮　島津久光

N
500m
叡山電鉄鞍馬線
二ノ瀬駅
岩倉具視幽棲旧宅
市原バイパス
市原駅
西蓮寺
大念寺
大雲寺
実相院
長谷
八幡宮
二軒茶屋駅
京都精華大学
京都精華大前駅
賀茂川
京都産業大学
木野駅
岩倉駅
三宅
八幡宮
八幡前駅
霊源寺
圓通寺
国際会館駅
正伝寺
上賀茂神社
三宅
八幡駅
深泥池
宝ヶ池
公園
宝ヶ池駅
地下鉄
烏丸線
松ヶ崎駅
高野川
叡山電鉄
常照寺
大宮交通公園
光悦寺
北山駅
北山通
修学院駅
しょうざん庭園
京都府立植物園
北大路駅
北大路通
一乗寺駅
大徳寺

岩倉具視は、わずか百五十石の貧乏貴族

左京区の岩倉《いわくら》に岩倉具視が隠れ住んでいた建物が保存されている。

岩倉具視といっても知らないひとが多いかもしれない。明治維新の変革をなしとげた公家グループの筆頭が岩倉具視で、維新の元勲のひとりだ。岩倉の肖像は五百円札に使われていたが、いまは五百円札そのものがなくなってコインに変わってしまった。

叡山電鉄鞍馬《くらま》線の岩倉駅で降り、岩倉川に沿って北に進むと実相院《じっそう》門跡という天台《てんだい》宗のお寺がある。その手前の交差点を左に入ったところが岩倉具視の幽棲《ゆうせい》旧宅だ。

茅《かや》ぶきと瓦《かわら》ぶきの平屋が二棟ならんでいる。ひとつは持ち主の藤吉《とうきち》のもの、ほかの一棟が具視の幽棲のために新しく建てられた。史跡として国の指定を受けている。

さてここでは、ゆたかな想像力が必要だ。ゆたかな想像力で何を想像するのかというと、岩倉という土地のさびしさである。

お寺と神社、それに農家が少しだけ――それが幕末の岩倉だった。道路が整備され、住宅が林立している現在から幕末の岩倉の風景を思うには、よほどゆたかな想像力が必要になってくる。

そしてもうひとつ、官も職も取り上げられたうえに、「京都に住んではならん」というきびしい処分を受けた男の心境も想像しなければならない。

その男――岩倉具視――は京都在住を禁止されたばかりではなく、少しでも幕府に近い人物とみたらかたっぱしに血祭りにあげる尊攘派の天誅《てんちゅう》の刃からも逃げなければならなかった。

さびしい、さびしすぎる岩倉で刺客《しかく》の影に怯《おび》えつつ、岩倉具視はあしかけ五年を送ったのである。

この五年間について、荘田三平という人はこう批評したものだ。

「岩倉具視卿は決して閑散無事に経過したわけではない。英語にジャンプ・イン・ザ・ダークという言葉がある。すなわち暗中に飛躍するということで、岩倉卿の当時の行動にもっともよくあてはまる形容辞である。幽居の身でありながら岩倉卿は暗中に飛躍して、政局一方の大立物となり、ついにその目的を達し……」(『史談会速記録』昭和5・12)

岩倉具視が5年間、幽棲《ゆうせい》した屋敷

岩倉の地の五年間はダークであり、ロンリーではあったが、岩倉自身の心境はダークでもロンリーでもなかった。おおいに飛躍し、真っ赤に燃えたぎっていた。

岩倉具視は豊臣秀吉に似ている。

武士と農民との境目あたりに生まれた秀吉は武士の仲間に入って出世の階段をのぼり、太閤にまでなった。

岩倉具視はもともと貴族だから秀吉とはかなり事情がちがうけれども、岩倉家にあてられる位《くらい》は従五位、官は侍従《じじゅう》あたりで給与は百五十石。

貧乏きわまる、とはいえないまでも、とうてい潤沢な家計とはいえない。噂だが、岩倉は貴族の屋敷には幕府の役人が踏み込めない特権を使って自宅でギャンブルをさせ、テラ銭を主要な収入源にしていたという話がある。

たいしたミスなしに勤めていれば官位がちょっと上がり、そこで終わり、というのが彼の一生のはずだった。

それが実際にはどうだったかというと、維新政府の副総裁、右大臣になった。没後に贈られたのは正一位、太政大臣《だじょう》の最高の栄誉なのである。

悲惨なる前半生と栄誉にかがやく後半生、それをつなぐのが岩倉での五年のジャンプ・イン・ザ・ダークである。この五年間がなかったら岩倉具視の出世はもちろん、王政復古、明治維新の大変革さえ起こらなかったかもしれない。

血のなかに息づいていた〝反権力〟精神

岩倉具視はめずらしい貴族だった。政治というものに強烈な興味をもっていたのである。興味はあるが能力のほうはどうもいまひとつ――では困ったものだが、能力もまた抜群だったのは彼の生涯が実証するとおりだ。

そのうえ、政治への興味というのが幕府に楯《たて》つくことだったのだから、めずらしいという言葉を何度使っても追いつかないぐらい珍重すべきものだった。

幕府を批判したとて、うまくいっても一文の得にもならず、悪くすれば役職を失いかねない。貴族に浪人という言葉はなかったが、役職のない貴族ほど始末に困る境遇はない。

一文にもならない政治に首をつっこんで興奮する、それは岩倉家に流れている血統のせいかもしれない。

岩倉家は久我《こが》家の支流である。久我晴通《はるみち》の四子の具堯《ともたか》が独立して岩倉の初代になった。そのころ具堯は洛北の岩倉に住んでいたので岩倉を姓としたといわれる。岩倉家と岩倉の地名とは無関係ではないのだ。

岩倉具視は堀河康親《ほりかわやすちか》という公家の次男に生まれ、岩倉具慶《ともやす》の養子になった。関白の鷹司政通《たかつかさまさみち》に認められて孝明天皇の侍従になったのが安政元年（一八五四）のことだった。

さて、それから百年ほど昔の宝暦《ほうれき》八年（一七五八）、順調にやってきた岩倉家に嵐が襲った。事件のおよそはつぎのとおりである。

徳大寺《とくだいじ》家につかえていた竹内式部《たけのうちしきぶ》という学者の講義が、若く威勢のいい公家のあいだで評判になった。おもてむきは神道と儒学を説くものだが、その学説の奥には幕府の専横にいきどおり、政治を朝廷に返すべきだという意味合いが感じられたのである。

幕府の嫌疑を避けたい関白の一条道香《いちじょうみちか》は式部を所司代に告訴したが、式部の主《あるじ》の徳大寺公城《きんむら》はその後も講義をつづけたので、ついに幕府の弾圧がくだった。宝暦事件である。

岩倉恒具《つねとも》と尚具《ひさとも》の父子も式部の門人として講義を聴いていたから連座をまぬがれず、役職を奪われた。宝暦事件は朝廷と幕府の仲が険悪になった最初の事件としても記憶されている。

岩倉具視はこの事件を十五歳のときに知り、はたせなかった先祖の遺志を実現させようと決意したという。政治家公家、岩倉具視の誕生だ。

具視の十五歳といえば天保《てんぽう》十年（一八三九）で、この年には渡辺崋山《わたなべかざん》や小関三英《おぜきさんえい》、高野長英《たかのちょうえい》といった進歩的な学者が処罰される「蛮社《ばんしゃ》の獄」が起こった。幕府の体制には内部から崩壊がはじまっていた。

岩倉具視が頭角をあらわしたのは幕府が条約調印に勅許を求めてきたときである。

「日本を開国して外国と条約をむすぶ？　とんでもない！」

朝廷全体の雰囲気はこうだったが、幕府がばらまいた賄賂《わいろ》がじわりじわりと効《き》いてきて、

「まあ、いいじゃないか」

という具合になってきた。

それでも、「条約、断固反対！」という意見の中下級公家は健在で、八十八人の公家がデモを組んで走りまわったため、勅許は下りないことになった。これが安政の大獄の前史となる。八十八人の公家のなかには岩倉具視の姿があった。

つまり岩倉具視は尊攘派の公家、いまでいうなら野党、反体制の公家として登場したのである。

なぜ岩倉は「裏切り者」と言われたか?

尊攘派の希望の星のひとりになった岩倉具視だが、井伊《いい》大老が暗殺され、政局が公武合体の方向に進むにつれて、具視は「裏切り者」になってしまう。皇女和宮《かずのみや》の徳川家茂《いえもち》への降嫁に賛成し、先頭に立って降嫁の実現に奔走したからだ。

具視は豹変《ひょうへん》したのか?

そうではない。

彼は朝廷第一主義者だった。

朝廷が政治の全権を取り戻すことがすべてに優先すべきであり、攘夷とか開国といったことは権力を取り戻した朝廷が決定すればいいという意見なのである。

だから具視は、水戸や薩摩を動かして幕府の政治を改革しようという運動には協力しなかった。幕府の政治が改革されれば幕府は強くなってしまい、それは朝廷第一の自分の希望とは反対の方向に進むからだ。

「水戸？　それがどうした。水戸なんか、朝廷から権力を奪っている徳川の親戚にすぎんじゃないか！」

そういう気《け》がある。

だから具視は安政の大獄の弾圧にはひっかからなかった。

大獄の犠牲者が多かったために朝廷は人材不足の状況におちいり、具視の出番となったところへ和宮の降嫁問題が起こった。

朝廷全体の空気は反対にかたむいていたが、所司代の酒井忠義《ただよし》はそんなことは百も承知のうえで、じわりじわりと脅迫がましく要求しつづけていた。

酒井のおそろしさは大獄を強行したことで痛感されている。先頭に立って「断固反対」を叫んでいると、どんなおそろしい目にあうかもしれないという恐怖が生まれてきたころ、「わたしは賛成です」と言い出した者がある。岩倉具視だ。

「幕府は弱腰になっている、このチャンスを逃してはならん！」

これが具視の意見だ。

「いや、幕府の思惑《おもわく》に乗せられてはいかん。幕府は、和宮を手に入れることで、衰えかけている権威を回復しようというつもりなのだ」

具視の周辺では、こういう意見が多かった。

ガヤガヤとやっているのが孝明天皇の耳に入ったらしく、

「岩倉の意見を聞きたい」

天皇から諮問《しもん》があった。

具視の実家の姉の堀河紀子《もとこ》が宮中につかえ、このころには天皇の寵愛を受けていた。具視はこの関係を通じて天皇から諮問があるように仕掛けたのかもしれない。これをやる、と決意したらどんな手でも使う。だいたいが消極的な公家のなかでは異例なほどに積極的なのだ。

天皇の前に出た具視は、堂々と計画を述べた。

「和宮さまの降嫁を切望しているのは幕府なのです。ですから、おそれることなく条件をつければよろしいのです」

「条件とは、何を？」

「条約を解消すること、外国人を国内に入れぬこと」

「幕府が承知するであろうかな？」

「とりあえず誓約をさせ、時間をかけて実現すればよい、と言ってやりましょう」

具視はあせらない。

名よりは実をとるのが大事なんだという、あくまでも現実的な姿勢の持主だ。いい恰好はしないかわりに、内心ではすでに幕府を呑んでかかっていた。

「和宮降嫁」で得た、前例のない〝手柄〟

文久元年（一八六一）十月二十日、和宮は江戸に向かった。お供の公家は「前駆殿上人」という肩書をもらっているが、そのなかに岩倉具視の得意の顔が見えるのはいうまでもない。

行列が近江の大津《おおつ》に来たとき、孝明天皇の勅使が追いかけてきて、「岩倉具視にご用である」という。

まわりの者はおどろいた。勅使というならお供のなかの最高位の者に会うはずなのに、それほど高位ではない侍従少将の岩倉を指名したからだ。

勅使が伝えた天皇の用事というのは、

「安政の大獄で排斥された公家たちが復帰できるよう、幕府の高官と相談してくれ」

重大な用事である。

その重大な用事を、さして位の高くない具視に、わざわざ臨時の勅使を差し向けてまで命じたところに具視に対する天皇の格別の信頼が示されていた。

江戸に着いた岩倉はめざましく活躍した。

前例がない、をくり返して確答を避ける老中たちを、ときには脅し、ときにはもちあげ、とうとう将軍家茂から天皇に対する自筆の誓約書をもぎ取った。

「幕府の政治についてさまざまの臆説をお聞きなされ、お怒りのあまりに譲位の決意までなさったとのこと、おどろくばかりです。当方には決してそのような心底はなく、これからも聖慮をなやませぬようにいたします。具体策については老中より千種《ちぐさ》、岩倉につたえさせます」（千種―千種有文《ありぶみ》―岩倉の同役）

将軍が天皇に対して自筆の誓約書をたてまつるとは徳川家康の後は例のない、じつに異例のことだ。しかも家茂の誓約書は、つまるところ「天皇の気持ちにそむくことはしない」と言っている。

岩倉具視の功績は絶大なものだ。

和宮の降嫁の話が立ち消えになりそうだったのを、たったひとりで息をふきかえさせ――これが岩倉は幕府に協力したという悪評の元になる――江戸に乗り込んで将軍の自筆誓約書をもぎ取ってきたのだ。

往時をしのばせる岩倉川の流れる風景

それほどの功績をあげた岩倉具視が、あっというまにダークの五年間に突き落とされてしまう。

一転、〝幽棲《ゆうせい》〟に追い込まれた二つの理由

岩倉具視を得意の絶頂から失意のドン底に突き落としたものは何か？

ふたつある。

まず第一は関白の九条尚忠《くじょうひさただ》をはじめとする幕府寄り公家の嫉妬《しっと》である。九条関白などは、朝廷と幕府をつなぐ最強のコネクションは自分のほかにないと思い込んでいた。和宮の降嫁という重大なことが、自分よりはるかに下級の岩倉の手で無事に行なわれたのに嫉妬と不安を感じている。

第二は――このほうが重要なのだが――尊皇攘夷の思想と運動が安政時代にもまして強くなり、京都が尊攘の声で埋めつくされるようになってきたことだ。

そうなった原因の第一は、じつは岩倉具視が撒《ま》いたのだから皮肉なことだ。

どういうことかというと、将軍自筆の誓約書をもぎ取ったことで気をよくした朝廷は、和宮降嫁を正式に発表し、そのなかで、こう宣言したのである。

「将軍は攘夷を決行すると誓約した。皆の者よ、安心せよ！」

尊攘派の志士や公家たちが歓呼の声をあげたのは当然だ。

「勝ったぞ。おれたちは正しかったのだ。これからはわれわれの天下になる！」

勝負がつくのはこれからまだ何年も先になるのだが、尊攘派は形式の上だけの勝利に有頂天《うちょうてん》になる。

どれくらい有頂天になったかは薩摩の島津久光《しまづひさみつ》のことを例にするとよく理解できる。

島津久光が幕政改革を旗じるしに政界に乗り出してきたことは第1章「なぜ龍馬は、河原町の『近江屋』で殺されたのか」を読んでもらいたいが、その久光が江戸に出て幕府を相手に大芝居を打って成功、意気高らかに京都に帰る途中でイギリス人を殺してしまった。横浜付近の生麦《なまむぎ》村であったことから、生麦事件という。

久光は攘夷派ではない。だから生麦のイギリス人殺傷にしても攘夷のつもりはまったくなく、イギリス人が行列の前方を横切ったので無礼討ちにしただけだ。

ところが、久光が京都に着くころにはニュースが伝わっていて、「薩摩がいよいよ攘夷に踏み切った」と大評判になっている。

いや、あれはちがう、じつは――とは言いにくい状況になっていた。攘夷ではありません、公武合体政策で成功してきましたよ、なんて口が裂けても言えない。

生麦事件は文久二年八月のこと、和宮降嫁（同二年二月）から六カ月あとだが、そのころの京都はすっかり尊攘派の天下になっていた。幕府寄りの者とみたら片っぱしから天誅の刃《やいば》をふるっていたのである。

朝廷では少壮の尊攘派公家が台頭し、彼らに押された近衛忠熙《ただひろ》が九条尚忠に代わって関白になった。江戸での成功で左近衛権中将に昇進し、孝明天皇の信任はいよいよ厚い岩倉といえども、こうなると手も足もでない。

岩倉のほか、いっしょに江戸に行った千種有文と富小路《とみのこうじ》敬直《ひろなお》や、議奏の久我《こが》建通《たけみち》、女性では具視の実姉の堀河紀子と千種の妹の今城《いまき》重子《しげこ》が「和宮を江戸の人質にわたした」と非難され、それぞれの役職を辞さざるをえない羽目に追い込まれた。

同志に投げ込まれた〝脅迫状〟

そのころの岩倉家は丸太《まるた》町通富小路西入ルにあったようだ。京都御苑の堺町《さかいまち》御門から入って少し東に行ったあたり、下級公家の屋敷が長屋みたいにならんでいた。

自宅待機して様子をみていようというわけだったが、尊攘の嵐はおさまるどころか、かえって激しくなる。

八月には岩倉具視や千種有文ら四人に「辞官、落飾《らくしょく》」が命じられた。辞官とはクビである、浪人公家の誕生である。そして落飾とは髷《まげ》を切って僧の身なりになることだ。

追放されないだけまだましともいえるが、そうも言っていられなくなる。テロリストが狙《ねら》いはじめたのだ。

「洛外にたちのかなければお前の首を切って四条河原にさらし、家族は皆殺し！」

こう書いた脅迫状が投げ込まれた。役職や身分があればこそ朝廷に守ってもらえるが、いまはもう孤立無援の岩倉である。くやしいけれどもテロに屈するほかになかった。

夏も終わりにちかい九月、ひそかに抜け出して洛北は西賀茂《にしがも》の霊源《れいげん》寺に隠れた。髷を切ったのは霊源寺に入ってからのことだ。

霊源寺は市営バスの終点「西賀茂車庫」から少し北にいったところ、八月の大《だい》文字《もんじ》送り火のひとつの「船形」がともる船山の麓《ふもと》にある。

なぜ霊源寺に隠れたのか？

岩倉家の創始者は具堯だが、その息子のひとりは出家して一絲文守《いっしぶんしゅ》といった。大徳寺《だいとくじ》の沢庵和尚《たくあんおしょう》に禅を、槇尾心王院《まきのおしんおういん》の賢俊《けんしゅん》に律を学んで名僧と謳《うた》われ、仏頂国師の称号を受けた。

後水尾《ごみずのお》上皇も深く帰依《きえ》した一絲には世俗の名利をきらう性格がつよく、洛西の西岡《にしおか》に「閑夢庵《かんむあん》」という草堂をいとなんで隠棲してしまった。

一絲の隠棲を惜しんだ上皇が何度も使いを出して再登場をうながし、霊源寺を建てて一絲を住職の椅子《お》に据《す》えたのである。

霊源寺の山号は「清涼山《せいりょう》」というが、これは上皇が命名したものだという。内裏《だいり》の清涼殿を移して用材にしたからだ。

そういうわけで、霊源寺と岩倉家とは格別の関係で結ばれている。具視の先祖で宝暦事件に連座した尚具もこの霊源寺に隠れた。具視もまた当然のように先祖の墓のある霊源寺に隠れ、尊攘派の熱狂の刃からのがれようとしたのだ。

ところが、霊源寺には長くいられないことがわかってくる。

なぜか？

季節がわるかった。秋である、茸《きのこ》狩りであり山菜とりである。茸狩りのふりをして命を狙う者がいるのではないか、そう思うと落ち着いていられない。

「西芳寺《さいほう》がよいではないか」

苔寺《こけでら》の通称で人気の高いこの寺の住職は神湫《しんしゆう》といい、具視の父の具慶の猶子《ゆうし》になっている。猶子というのは養子とおなじだが、養ったり孝養をつくす関係ではなく、後見の関係といえばいいだろう。神湫は具慶の息子という形式をとって苔寺に入ることができたわけだ。

ともかく神湫と具視は義兄弟だから、事情を話せばかくまってもらえるはずと狙いをつけ、靖翁《せいおう》という、これも丹波《たんば》で僧侶をしている親戚の者といっしょに苔寺に行った。

「お引き受けいたしますが、五日か六日待っていただかなければ……」

苔寺の中興開山は有名な夢窓《むそう》国師で、その夢窓国師の法会《ほうえ》のために多数の人が出入りするから人目につく、それまではどこか別のところにいてほしいという。

エピソードが明かす岩倉の人柄

苔寺に一晩だけ泊まり、つぎの朝早く洛東の岡崎《おかざき》村、靖翁の自宅の「永陽庵《えいようあん》」に移った。

神湫といい靖翁といい、あっちこっちに僧の親戚がいるんだなという印象になる。

岩倉家にかぎったことではなく、とかく貧乏しがちな公家にとっては、子女を寺院に入れるのが家計の助けになっていた。寺院は子女の就職先というのが公家の感覚だった。岩倉具視の場合、本来は子女の就職先のはずの寺院が避難場所になっているわけだ。

それにしても西賀茂から洛西の苔寺、そして洛東の岡崎——地図を見てもらえばわかるように、ひどい遠回りをしたものだ。

人目につかぬようにと気をつかう苦労は並大抵のものじゃない。岡崎に近づい

岩倉具視が隠れ住んだ西芳寺《さいほう》（苔《こけ》寺）

たとき、向こうから政敵の正親町三条実愛《おおぎまちさんじょうさねなる》が来るのに気づき、あわてて芋《いも》畑に

ころがって難をのがれた冒険もあった。

普通の神経ではまいってしまうところだが、まいらないのが岩倉具視である。

靖翁が下男をつれて外出した留守には、自分ではじめてコメをとぎ、メシを炊《た》く

つもりが水の量を間違ってカユを炊いて笑われた。

夢窓国師の法会がすんだので苔寺に行った。「湘南《しょうなん》亭」に付属する小屋があって、小僧をひとりつけてもらっての自炊暮らしがはじまる。便所から肥《こ》やしを運んで野菜づくりもやった。臭い下肥を汲んだ公家がほかにないわけでもなかろうが、記録にのこっているのは岩倉具視だけだろう。

重いコエタゴをかついでふらふらする岩倉を見た寺男が、笑いながら言う。

「案山子《かかし》が風に揺れているみたい」

それを聞いた岩倉は憤然として言った。

「どんなつまらんことでも、暇があれば習うべきである。メシを炊き、コエタゴをかつぐぐらいは下男や下女にもやれる。れっきとした士大夫《したいふ》ができなければ笑われるのだ。小事ができずに大事ができるものか」(『岩倉公実記』意訳)

「岩倉は洛中《らくちゅう》に住んではならぬ」

その苔寺も安住の場ではないとわかってきた。観光ブームが起こってきて、苔寺にも見物人が押しかけるようになっていたのだ。

「木は森に隠せ」と言うように、思いきって洛中に戻って隠れる手がないではなかったが、いまはそれも不可能になった。朝廷が「岩倉は洛中に住んではならぬ」と決議してしまったのである。

最初の霊源寺に戻ろうとすると、なにやかやと理由をつけてかくまうのを渋るのである。朝廷からはきらわれ、尊攘派からは命を狙われている者を敬遠するのは当然ではあった。

霊源寺はあきらめて岩倉に行くのだが、それでもいま霊源寺に岩倉具視の歯牙《しが》塚《づか》があるのは後年の彼が栄誉をきわめたからだろう。このまま埋もれてしまっていたなら、霊源寺には無視されていたはずだ。

宮廷内にも岩倉に同情してくれる者はあった。そのひとりの坊城俊克《ぼうじようとしかつ》から、「西北の方面はまずい」という連絡が入った。岩倉とともに排斥された久我建通が平野、千種有文が紫竹《しちく》、富小路敬直が氷室《ひむろ》と、三人すべて西北に隠れている。岩倉まで西北に隠れると、「四人で集まって陰謀をたくらむのではないか」など、つまらぬ嫌疑をかけられるというわけである。

そこで先祖にゆかりのある東北の岩倉が候補地になった。占《うらな》いをたててもらうと、ＯＫの卦《け》が出たので引っ越しを決行した。

先祖のゆかりとは領地があるといったことではなく、人のつながりだった。具視は次男の具定《ともさだ》を岩倉の百姓の三四郎《さんしろう》に里子として育ててもらったことがある。こんど具視が住むことになった藤吉の家も三四郎が世話してくれたのである。

岩倉家と三四郎との縁は次男の里子のことがはじめてではないだろう。創始者の具慶のころからの縁がほそぼそとつづいてきて、次男を里子に出すときも、「それなら岩倉の三四郎だ」と、話がすぐにまとまったにちがいない。

十月の八日に藤吉という百姓の家に移ってきた。京都を脱出したのが九月十三日だから、一カ月近いあいだウロウロしていたわけだ。朝廷に対しては内々の届けを出したようだから、世間からまったく姿を消したというわけではない。

岩倉家ゆかりの霊源寺《れいげんじ》

〝落魄《らくはく》〟にふさわしい岩倉という地

こうして岩倉における岩倉具視のジャンプ・イン・ザ・ダークの五年間がはじまった。

岩倉村を選んだのが正解だったのは後年の大活躍が証明している。

そこで新しい謎――なぜ彼はまっすぐに岩倉村に行かなかったのか？　一カ月近いウロウロは無駄でもあるし、だいいち危険きわまりないではないか？

結論から先に言うと、彼は「組織の権威」というものを頼ったのだと思う。霊源寺や苔寺という寺院の権威の下に隠れることで攘夷派の天誅《てんちゆう》の刃からのがれようと思ったのだ。

岩倉村はどうだろう――そういう思いが浮かばなかったとは思えない。

それなのに最初は岩倉をめざさなかったのは、岩倉には頼れる権威がないと思ったからだ。百姓三四郎、あるいはそのほかの岩倉の住人との関係は、追われる身をかくまってもらうにはあまりに無力だと考えたのだろう。

苔寺の野菜畑――重いコエタゴをかついでヨロヨロする浪人のお公家さん――

悲惨といえば悲惨だが、どこかに自分の悲惨を滑稽にみる余裕が感じられる。それがダメになった。どこへ行っても断わられ、敬遠される。身の置きどころを失い、裸同然の状態で岩倉にころがりこんだ。

岩倉という土地の性質を考えなくてはならない。

古代の人々は山や丘の上の石には神が降臨してくると信じ、その石を信仰の対象としていた。「磐座信仰《いわくら》」といわれるもので、石座・岩蔵・石倉なども書く。

平安京ができるとき、四方の磐座を選んで経典をおさめ、王城鎮護の願いを込めた。東西南北の四つの岩倉ができたわけで、いま岩倉と言っているのは正しくは「北岩倉」なのである。「北岩倉」だけが岩倉という地名になってのこり、東西南の岩倉は地名としてはのこらなかった。

北岩倉に展開された人の生活が、ほかの岩倉にくらべてとび抜けて濃厚だったからにちがいない。

中心になったのは大雲寺《だいうん》だ。

岩倉具視の隠棲旧宅からさらに西北に進むと実相院門跡がある。又次郎《またじろう》の作といわれる庭園を拝観するのもいいし、絵画に「岸派《きし》」の系統をうちたてた岸駒《がんく》が描いた「寒山拾得」の石灯籠も美しい。

実相院のあたりには病院が多く、その奥にあるのが大雲寺だ。

大雲寺は天禄《てんろく》二年（九七二）に建てられたもので、園城寺《おんじょう》（三井寺《みい》）の別院でもある。園城寺と延暦《えんりゃく》寺との対立のあおりをくらってしばしば兵火にかかり、江戸時代のはじめに後水尾天皇の援助によっていまの寺観が復活した。

境内《けいだい》に「不動の滝」があり、古くから神経を病《や》んだ人の治療に効能があるといわれてきた。この滝の効能で救われた最初のひとは後三条《ごさんじょう》天皇の第三皇女の佳子内親王だったという伝説がある。

いつのころからか、大雲寺は「都の浄土」といわれるようになった。人生の悩みから救ってくれる、それはまさに浄土そのものにほかならない。

不動の滝をふくめて大雲寺そのものが神経の病《やまい》になやむ人々を積極的に迎えるようになり、あたりには宿坊や茶屋がならんだ。農家に泊まって祈禱《きとう》を受ける人もいたようだ。いま、その宿坊のいくつかは近代的な設備をそなえた精神病院に変身している。

岩倉具視が住むことになった家の持主の藤吉という百姓も、大雲寺のそばで茶屋をいとなんでいたという。

そこで、こんなふうに想像するのも不可能ではない――岩倉具視は大雲寺で神

「都の浄土」と呼ばれる大雲寺

経の病を癒《いや》す人の群れに混じることで尊攘派の追及から身を隠そうとしたのではないか？

話としてはおもしろいが、事実からは遠いだろう。

ただしそれは、岩倉が大雲寺の役割を意識しなかったというのではない。

反対であったはずだ。彼は岩倉大雲寺をおおいに意識したにちがいない。

「こうなったら岩倉に行くしかないが……しかし、この俺がとうとう岩倉に行かねばならんとは！」

神経を病んで人生から脱落するところに追い込まれた人々の群れ、それに自分をなぞらえれば絶望の気分になる。

しかし、岩倉のほかに行くところがない現実は消えない。屠所《としょ》に引かれる牛の気持ちであった。

〝最悪の状態〟を救った松尾相永《まつおすけなが》という人物

最低最悪の状況である。

これより悪い状況はありえない——そう悟ったところで岩倉の飛躍がはじま

る。最低最悪の状況に置かれ、それを悟った人間は最高最大のことを考えるものだ。最高最大を考えるのが可能になるのである。

幕府の政策がどうのこうのと、そんなものは些細《ささい》なこと、俺は最高をめざすんだ！

岩倉具視にとって最高最大のこととは「朝権回復」である。政治の全権を朝廷、天皇に取り戻すことだった。

当時、これほどの高いレベルで日本の政治を考えた者は皆無なのである。安政年間の最高の頭脳といわれる越前《えちぜん》の橋本左内《はしもとさない》でさえ、有力大名の合議制で政府をつくるというのが最後に到達した構想だった。

幕府が何をやろうと、大名がどう動こうと、そんなことは知っちゃいない。ただただ朝権の回復だけをめざす。そのために効果があるとみたら、どんな手も勢力も使う。

隙につけこんでくる尊攘派の刺客の影に怯えつつ、岩倉は朝権回復のために考えられるかぎりの策を文章にまとめていった。

『叢裡鳴虫《そうりめいちゅう》』と名づけられたそれは、まさに叢《くさむら》のなかでも鳴きやむことのない彼の意地を示している。

岩倉がふたたび政治の舞台にのぼるきっかけをつくったのは松尾相永《まつおすけなが》と藤井《ふじい》九成《きゅうせい》のふたりである。

松尾は宮廷の非蔵人《ひくろうど》という役目についていた。非蔵人は宮廷内の雑務を行なう役職で、神社の神官や社家の者が兼勤することになっていた。現在の企業でいうと総務課の嘱託《しょくたく》といった役どころだ。古くからの役職だが、しばらく絶えていたのが江戸時代のはじめに復活したものだ。

松尾家の本職は松尾神社の神官である。相永は同族の養子になっていたが、非蔵人としては松尾の姓を名乗り、但馬と称していた。

藤井九成は藤井右門《うもん》の曾孫《ひまご》だが、この右門という人は竹内式部の弟子である。竹内式部という名前を忘れてしまった人は二三六ページを読みなおしていただきたい。幕府の独裁に疑問を表明したとして弾圧されたのが宝暦事件で、式部はその中心人物だった。岩倉具視の先祖の尚具が連座して役職を追われたことも思い出していただかねばならない。

藤井右門はあやういところをのがれて江戸に行き、山県大弐《やまがただいに》という兵学者と意気投合した。大弐には『柳子新論《りゅうしし》』という著書があって、そのなかで激しく幕府の腐敗を攻撃していた。

岩倉門跡《もんぜき》と呼ばれる名刹《めいさつ》・実相院《じっそういん》

明和《めいわ》三年（一七六六）に『柳子新論』が摘発されて藤井右門とともに逮捕され、大弐は死罪、右門は江戸城焼き打ちを主張したとの罪で獄門になった。追放されていた竹内式部もあらためて八丈島《はちじょう》に流罪されるという大事件になった。明和事件というが、つまりは第二の宝暦事件なのである。

はじめに具視を知ったのは松尾だった。皇女和宮が江戸に嫁いでいったとき松尾はお供のひとりとなり、そのときに知り合いになったようだ。

その後は格別のつきあいもなくすぎたが、岩倉が幕府寄りの姿勢を非難されて失脚し、岩倉にのがれているのを知って関心をもつようになった。失脚の原因が和宮の降嫁問題であってみれば、お供のひとりだった自分と無関係ともいえないからだ。

なぜ岩倉は薩摩藩と手を組んだか？

松尾が藤井をさそってはじめて岩倉村の具視を訪れたのは慶応元年（一八六五）の春だった。政局の焦点が尊攘と佐幕の対立から倒幕の是非《ぜひ》に移ってきて、岩倉具視の身辺から尊攘派の刺客の影は消えていた。

「岩倉にいる岩倉具視という人を訪ねてみないか？」

松尾の誘いに藤井が一も二もなく賛成した理由はいうまでもない。藤井と岩倉は「宝暦事件の末裔《まつえい》」という線でつながっている。

松尾と藤井、ふたりとの交際がふくれていって薩摩藩との関係が生まれ、それが岩倉具視の政界復帰の途をひらいた。

では、なぜ薩摩藩との関係が生まれたのか？

藤井の家は烏丸《からすま》通今出川《いまでがわ》上ル西側の「柳図子《やなぎのずし》」にあり、藤井右門の旧宅があったのを示す石碑が建っている。

烏丸通をへだてて東側には同志社大学のキャンパスがひろがっている。同志社は薩摩藩の京屋敷の跡につくられた——と言えばもうわかる。薩摩屋敷と隣り合う藤井の家は、倒幕の秘策を練る志士たちの絶好の会合場所だったのだ。彼らは自分たちの仲間を「柳の図子党」と呼んでいた。

8章

なぜ夥《おびただ》しい数の会津《あいづ》藩士が〝黒谷《くろだに》〟に眠るのか

——京都の人も感動した侠客・会津《あいづの》小鉄《こてつ》の活躍

〈史蹟〉金戒光明寺　西雲院　京都守護職屋敷跡

〈人物〉松平容保　松平定敬　会津小鉄

N
500m
叡山電鉄
知恩寺
今出川駅
出町柳駅
京都大学
地下鉄烏丸線
烏丸通
京都御所
梨木神社
鴨川
川端通
吉田神社
吉田山
白川通
白川
一条通
京都府立医科大学
東大路通
京都府庁
京都御苑
京阪鴨東線
西雲院
鹿ヶ谷通
京都守護職屋敷跡
金戒光明寺
神宮丸太町駅
聖護院
丸太町通
丸太町駅
平安神宮
琵琶湖疏水
永観堂
二条通
京都市京セラ美術館
京都国立近代美術館
御池通
京都市役所前駅
南禅寺
烏丸御池駅
三条駅
東山駅
三条通
三条通
三条京阪駅
ウェスティン都ホテル京都
六角堂
河原町通
知恩院
円山公園
阪急京都線
烏丸駅
京都河原町駅
祇園四条駅
八坂神社
地下鉄東西線
四条通
四条駅
髙島屋
将軍塚
川端通
京阪本線
堺町通
圓徳院
高台寺

黒谷に眠る三百五十人の会津人

左京区に「金戒光明寺」というお寺があるが、「コンカイコウミョウジはどこですか？」と聞いても、まず通じない。

「京都では祇園さんとか本願寺さんとか、お寺をさんづけで呼ばなければいけないんじゃない？」

「それでは……コンカイコウミョウジさんはどこですか？……やっぱり通じないよ」

さんをつけても無理ですね。「黒谷《くろだに》さん」といえば、すぐにわかる。

「なにが黒ダニだ、ぜんぜんタニなんかじゃない。岡だよ、これは。黒岡というべきだ！」

たしかに黒谷はタニではない、岡とか高台というのが正確な表現だろう。高台に「黒谷」という土地があるから混乱するが、それなりの理由がある。

ここはむかし「栗原岡」と呼ばれる比叡山延暦寺《ひえいざんえんりゃくじ》の領地で、「白河禅房《しらかわぜんぼう》」があったところだという。

比叡山の黒谷で学んでいた法然《ほうねん》（源空）上人が師の叡空《えいくう》上人からこの禅房を与えられ、念仏の道場をひらいた。それが金戒光明寺のはじまりなのである。法然の弟子たちはここを比叡山の黒谷の延長という意味で「新黒谷」と呼んだが、いつのまにか「新」がとれて黒谷だけになった。

法然の教えはここを本拠にしてひろまっていくので、黒谷といえば浄土宗の本山ということだけが印象強くなり、もとは栗原岡だったんだがなあ、などとこだわるひとがいなくなり、いまに続いている。

知恩院《ちおんいん》・清浄華院《しょうじょうけいん》・百万遍知恩寺《ひゃくまんべんちおんじ》と並んで浄土宗四本山の金戒光明寺こと黒谷さんの本尊は阿弥陀如来《あみだにょらい》で、山号は「紫雲山《しうんざん》」という。法然上人が岡の上の石から紫の雲が上がっているのを見た縁起《えんぎ》にもとづいているそうで、その「紫雲石」はいまでも塔頭《たっちゅう》の西雲院《さいうんいん》にある。

黒谷さんの墓地にはじつにたくさんの有名人が眠っているが、それは後にまわして、まず「会津《あいづ》藩殉難者墓地」にお参りしていただく。黒谷さんの墓地はなかなかひろいものだが、道案内の石柱のとおりに進めば、迷うことはない。

文久二年（一八六二）から慶応三年までの六年間に京都で亡くなった会津藩関係者二百三十七人、鳥羽伏見《とばふしみ》戦争の戦死者百十五人、合わせて三百五十二人の霊

威風堂々たる黒谷《くろだに》の山門《さんもん》

が祀《まつ》られている。「〇〇神霊」としるした慰霊碑が多いのに気づくだろう。会津藩松平《まつだいら》家では神道を信仰していたからだ。

あしかけ七年間に三百五十二人が他国の地で命を落としたのである。異様な事態というしかない。

どうして、こんなことになったのか？

幕府がしぶしぶ認めた二条件

会津藩主の松平容保《かたもり》が京都守護職になったからだ。

京都守護職という役職は文久二年（一八六二）に新設されたもので、それまではなかった。

では、なぜ京都守護職がつくられたのかというところから話をはじめよう。

万延《まんえん》元年（安政七年・一八六〇）の三月に大老の井伊直弼《いいなおすけ》を殺されてからというもの、幕府の強硬一本槍の姿勢は方向転換を迫られた。

将軍家茂《いえもち》の夫人に孝明《こうめい》天皇の妹の和宮《かずのみや》を迎えて朝廷との妥協をはかり、いわゆる公武合体の路線を進もうとした。

352人の霊が祀《まつ》られる会津藩殉難者墓地

それを、「幕府は弱気になった、チャンスだ！」とみたのが薩摩や長州、土佐といった西南の大藩である。朝廷に働きかけ、「幕府は政治体制を改革せよ」という勅諚《ちょくじょう》をひきだし、それをひっさげて江戸に乗り込み、幕府に突きつけた。「主上（天皇）の思《おぼ》し召しである。承服しなければ、どんなことになるか、わかっているはず！」

幕府はしぶしぶ受けざるをえなかった。

①家茂が上京し、和宮降嫁《こうか》のお礼を申し上げるとともに攘夷の具体策について方針を明らかにする。

②将軍後見職・政事総裁職・京都守護職を新設し、後見には一橋慶喜《ひとつばしよしのぶ》、総裁には松平慶永《まつだいらよしなが》（越前）、守護職には松平容保を就任させる。

文久二年の夏ごろまでに以上の二点が決まった。幕府の全面屈伏といっていい。

京都守護職になった松平容保は二十八歳、会津二十三万石の青年藩主である。尾張《おわり》の徳川慶勝《よしかつ》や桑名《くわな》の松平定敬《さだあき》といった有力大名を兄弟にもち、聡明の評判が高い。

もともと京都には所司代が派遣されて朝廷をきびしく監視し、市民を支配することになっていた。

そのころの所司代は若狭小浜《わかさおばま》の酒井忠義《さかいただよし》だったが、酒井は文久二年六月に罷免《ひめん》される。朝廷や尊攘派にとっては悪夢の安政《あんせい》の大獄《たいごく》を指揮したのが酒井だから、公武合体となったいまではまさに政治犯そのもの、罷免は当然だ。

酒井の後任として内定したのが宮津《みやづ》藩主の本荘宗秀《ほんじょうむねひで》であるが、「彼に、やれるか？」という疑問が起こってきた。

宮津藩は七万七千石で幕府の老中をつとめる家柄である。弱小とはいえないまでも、中どころの藩だ。そもそも老中は中堅大名がつとめるしきたりになっている。

従来ならばともかく、朝廷から上京せよと言われて拒否できずに将軍が上京する時勢に、中堅大名では所司代はつとまらない。

そこで、会津の松平容保なら文句はあるまいという話になった。家柄といい人物といい、容保なら不足はない。

「幕府とともに滅びよ」――会津のルール

ところがこんどは、会津の家柄の高さがネックになった。会津は幕府の役職をつとめるような家柄ではない、デーンとかまえていればいい。そんな会津が京都所司代なんていう一般の役職に任命されるのは、しきたりを破る、こういう重大時こそしきたりが大切なのである――こういう声が上がってきた。

しきたり重視の姿勢はとかく軽蔑《けいべつ》されるものだが、そうあっさりと軽蔑していいものでもない。朝廷や幕府には「全身これしきたり」の面があって、しきたりを無視すれば組織が存在する意味も値打ちもないということにもなりかねない。

では、どうするか？

「会津藩松平家にふさわしい役職を新設すればいいではないか」

「なるほど、それは名案」

というわけで、所司代の上の京都守護職が新設された。幕府内部の「しきたり重視派」が、黒谷の会津墓地に三百五十二もの霊を眠らせたともいえるわけだ。

会津の家老たちは真っ向から反対した。どこもおなじように財政は火の車である、それを知りながら縁もゆかりもない京都に乗り込んで苦労する必要はない。

しかし松平容保は反対意見をじっくり聞いたあとで、こう言った。

「藩祖公の遺訓にそむくわけにはいかない」

そもそも会津の松平家は三代将軍徳川家光《いえみつ》の異母弟の保科正之《ほしなまさゆき》からはじまる由緒ある家柄なのだ。

その正之は「宗家と盛衰存亡をともにせよ」という言葉を遺《のこ》していた。宗家とは徳川の本家、つまり幕府である。

宗家と盛衰存亡をともにせよ——じつにおもしろい。

宗家が栄えるときにはともに栄え、滅亡するときにはともに滅びよ——本家が滅びるのに会津だけが生き残っているのは承知しないというのである。

本家につきあって滅亡しても責任は問わない、あっさり滅亡してかまわないんだよと藩祖の保科正之が保証してくれている。

容保が「藩祖公の遺訓にはそむけない」と言ったとき、家老一同は「あー、そうなんだな」と、胸がスーッとするような気分で納得したにちがいない。

「このうえは義の重きにつくばかりで、他日のことなどとやかく論ずべきではない、君臣もろともに京師《けいし》（京都）の地を死場所としようと、ついに議は決した」

（山川浩《やまかわひろし》『京都守護職始末』金子光晴《かねこみつはる》訳）

この本の著者の山川浩も、主君とともに京都を死場所とする決意でやってきたひとりだが、九死に一生をひろって生き延び、後に陸軍少佐や高等師範学校長になっている。

どんでん返しで決まった会津の宿舎

薩摩の島津久光《しまづひさみつ》が、

「京都守護職を新設する？　それならこの俺のほかに適任者はいないはず……」

と、横槍をつくゴタゴタがあったが、それもかたづき、文久二年十二月二十四日に松平容保は入京した。京都町奉行の永井主水正《ながいもんどのしょう》と滝川播磨守《たきがわはりまのかみ》が三条大橋の東、蹴上《けあげ》に出迎える。いまはウェスティン都ホテルのある蹴上は、入京する重要人物が迎えをうけるところだった。

容保に従う会津武者は五百騎ばかり、それぞれに従者がつくから大変な数になる。いちばん最後を行く家老の横山常徳《よこやまつねのり》でさえ数十人もの供を従えていた。

宿舎は黒谷と決まっている。蹴上から黒谷までの道の両側には見物がつめかけ、一里もつづく行列を見送った。

さて、なぜ黒谷の金戒光明寺が守護職の宿舎と決まったのか？

在京の幕府関係者は守護職の宿舎として二カ所を予定していた。

ひとつは大宮《おおみや》通と下長者町《しもちょうじゃまち》通を中心にする周辺三十カ町である。豊臣秀吉の聚楽第《じゅらくだい》の跡地だから、守護職の権威にはふさわしい。縄がはりめぐらされ、住民には立ち退《の》きが指示されていたらしい。

もうひとつは、千本《せんぼん》通にあった所司代の屋敷を手入れして使うという案だ。所司代の本部は二条城に北面してあったが、そのほかにもいくつかの屋敷があった。

その両案ともダメになった。聚楽第の跡に新築するには時間が足りない、所司代の千本屋敷は狭すぎるのである。守護職を所司代と同等に扱うなんてケシカランという声も上がったろう。

そこで黒谷に白羽の矢が立った。黒谷が徳川家の菩提《ぼだい》寺のひとつだからだろう。

家康につかえた阿茶局《あちゃのつぼね》の墓、家康の娘で浅野長晟《あさのながあきら》に嫁いだ振姫《ふりひめ》の墓、二代秀忠《ひでただ》の夫人で三代家光や千姫《せんひめ》を生んだ江《ごう》（崇源院）のために春日局《かすがのつぼね》が建てた供養塔などがある。

伏見《ふしみ》城を死守して関ケ原の合戦を勝利にみちびいた鳥居元忠《とりいもとただ》の供養塔もある。鳥居は徳川一族ではないが、家康は「鳥居の忠義を思うと涙が出るほどうれしい」と口癖のように言っていたから、子孫としても親戚同様の思いがあったろう。

黒谷のほかの浄土宗の本山、知恩院や知恩寺・清浄華院《しょうじょうけいん》ともゆかりは深いが、高台の上の、城郭にみまがう建築という点では黒谷にはおよばない。ここに陣を張っていれば京都市街は一望のもとだ。

守護職屋敷に指定されるまえ、黒谷には安芸《あき》広島藩から宿舎に貸してほしいとの要請があり、奉行《ぶぎょう》に許可を願い出ていた。

奉行からの返事は「NO!」である。広島藩の政治姿勢に問題があっての「NO」かというと、そうではなくて、

「京都守護職が新設され、会津藩が赴任することになった。守護職の宿舎に指定するから、その旨《むね》の承諾書を出せ」

否《いや》も応もない。

その日のうちに先着の会津藩士がやって来て、部屋はいくつか、畳はぜんぶで

28歳で京都守護職となった松平容保《まつだいらかたもり》

何枚敷けるか、本尊はどこへ移転するか、僧侶はどこへ立ち退《の》くか——ばたばたと相談がすすんでいく。障子を張り替え、引き渡しが済むと十二月になっていた。

王政復古で守護職が廃止されるまで、黒谷は寺院としての機能を放棄することになった。

会津はなぜ京都屋敷を置かなかったのか

「こんど黒谷さんに入ったのはカイヅの松平という大名やそうやが、カイヅとはどこにあるんやろ?」

会津をカイヅと読んで首をかしげたひとがいた。耳におぼえのない地名だったからだ。このエピソードは、京都と会津とはほとんど縁がなかったことを示している。そしてまた、「なぜ黒谷に、たくさんの会津藩士の墓があるのか?」の謎解きにもつながるのである。

京都では会津は馴染《なじ》みがない、それは会津の京都屋敷がなかったからだ。

なぜ会津は京都屋敷を置かなかったのか?

遠方のためだと解釈するひとが多いだろうが、会津よりもっと遠い津軽《つがる》藩や盛《もり》岡《おか》藩が京都屋敷を置いていたのを考えれば、遠方だからというのは真相をついた解釈ではない。

会津の関心は江戸に集中していて、京都にはまったく気が向かなかったからだろう。

そもそも京都屋敷とは「京ブランド」の高級衣料や雑貨を、商人の中間搾取《さくしゅ》を排して妥当な値段で仕入れる出張所である。殿さまの家族や幹部にブランド志向がなければ、京都屋敷を置く意味はない。

会津の軍隊がやって来たとき、いかにも強そうな、しかし無骨といえばこれ以上の無骨はない様子に、京都のひとはみな驚いたという話だ。

質素無骨な雰囲気が藩の上から下まで貫徹していたらしいから、京都にあこがれ、京都の文物を必要とする雰囲気はゼロだったとみていい。

そういう会津が守護職という大役を背負って京都にやって来た。宿舎の黒谷は会津屋敷ではなくて守護職の御用屋敷なのだが、藩の半分が移動してきている以上は、黒谷が実質的に会津屋敷の役割を果たすようになるのはやむをえないことだった。

ほかの大名の京都屋敷は商用と社交を主としている。したがって軍備というほどのものもない。大名自身の入京が許されないのだから京都屋敷に軍備はありえない、ということでもある。

会津はまったく事情がちがう。大名自身が大規模な軍勢をつれて入京してきた。それも薩摩の島津みたいに自分から願ってではなく、朝廷と幕府の合意のうえの命令というかたちで入ってきた。

軍事が先で、商用はまったくなく、社交は少しというのが会津だ。

公私の区別がようやくついた！

ところが、京都に着いてからは少しずつ事情がかわってくる。

京都の政治は内裏《だいり》を中心に展開される。したがって京都の守護とは、とりあえずは内裏を守ることになる。内裏は黒谷からは遠いのが難点になった。

それからまた、松平容保が重要会議にいつも出席しなければならない事情がある。文久三年（一八六三）三月に将軍家茂と後見職の一橋慶喜が入京してからは、京都における幕府ナンバースリーの容保の日常はますます多忙をきわめてくる。黒谷の遠さが痛感されてきた。

黒谷が京都の中心から遠いのははじめからわかっていた。だから容保は御所のなかの凝華洞や烏丸《からすま》中立売《なかだちうり》の施薬院《せやくいん》を宿舎にしていて、忙しいときには黒谷には帰らなかった。

松平容保はますます忙しくなるばかりだ。

「御所の近くに守護職の御用屋敷をつくるべきではないか」

「黒谷では臨時の屋敷という印象が強く、威厳が落ちる」

文久三年に守護職の専用御用屋敷がつくられた。場所は釜座《かまんざ》通の下立売《しもだちうり》、つまりいまの京都府庁のところに壮大な屋敷が姿をあらわし、京都の軍事・警察・治安を一元的に統括することになった。ついでにいうと、将軍家茂の宿舎はもちろん二条城で、将軍後見職の一橋慶喜の宿舎は東本願寺だった。

それはそれとして、黒谷のほうがどうなったかというと、寺院として返還されなかったのである。

いかに壮大といっても新築の屋敷に全員は入れない。また、守護職は軍隊であるといっても軍務とは直接かかわらない私的な部分がある。衣服の洗濯や着替え、髪の手入れ、病気療養、休日などなど。隊員のセックス処理にしても守護職屋敷の近くでは具合が悪い。

専用の屋敷がつくられたことで公的な部分は釜座の屋敷、私的なものは黒谷で、公私が分けられるようになった。

守護職の日常の詳しいことはわからないのだが、専用屋敷ができてからは隊がいくつかの組に分けられ、三日とか五日おきのローテーションで軍務に当たるというようになったのではなかろうか。

釜座の専用屋敷に出勤しているときはいつも緊張しているから、少しはのんびりしても許される黒谷に帰る日が待ちどおしい、ということになる。

つまり、黒谷がますます重要になってきた。専用屋敷ができたのだから黒谷は無用、どころではないのである。

古い地図を見ると鴨《かも》川の東、聖護院《しょうごいん》村に「会津松平屋敷」と書かれている。河原町通から荒神《こうじん》橋を渡ると突き当たるところで、明治の初期には京都織物会社になった。

ついに会津も京都藩邸を持ったわけだが、ほかの藩邸のように商用や社交の場となるよりは練兵場の役割が強かった。京都の会津藩はあくまでも守護職の軍隊だった。

京都の町の空気としては「釜座は守護職、黒谷は会津」だったろう。守護職イコール会津なんだから理屈は合わないが、感じはこうだった。

ついでながら、いまの京都で「釜座」といえば京都府庁や知事を指す隠語だ。「それは釜座がOKしないいんじゃないかな」などと建築業界や政治関係者、ジャーナリストたちが使う。「御池《おいけ》」が京都市役所で、「釜座と御池の関係が悪化」というふうに使う。

釜座には権力がドカーンと鎮座している――そういう感じは文久三年の暮れにはじまり、いまに続いているわけだ。

会津小鉄が博打に手を出した理由

話は一気にとんで慶応三年（一八六七）十二月九日、維新政府が成立した。京都守護職は廃止され、松平容保は「会津へ帰れ」と命令された。容保の実弟の松平定敬《さだあき》は京都所司代だったが、所司代もなくなって兄同様に帰国を命じられる。この時点で釜座と黒谷の守護職屋敷は容保の手から離れたことになる。

十二日、容保や定敬は徳川慶喜とともに大坂城に立ち退いた。年が明けて三日、鳥羽《とば》伏見の合戦から戊辰《ぼしん》戦争へとつづいていく。

徳川慶喜や松平容保など、旧幕府の幹部が大坂湾から脱出して江戸に着いたのは正月の十二日である。

一行がまだ海上にあった十日に政府は「慶喜等を朝敵として追討する」と宣言し、幹部の官位を取り上げ、旧幕府方大名の京都の藩邸は没収された。鴨川東岸の会津藩邸もこのときに没収され、なにもかも、きれいさっぱりとなくなった。

逃げおくれた会津兵や従者、たくさんの死体と墓が黒谷に残った。逃げおくれてあわてふためく者を世話してやり、放置された死体の始末の先頭に立ったといわれるのが「会津小鉄《あいづのこてつ》」こと上坂仙吉《こうさかせんきち》である。

会津藩殉難者墓地は塔頭の西雲院《さいうんいん》の近くにあるのだが、その西雲院に「一乗院春誉静窓金剛居士」と刻んだ立派な墓碑が立っている。居士号のとなりに「俠客会津小鉄こと上坂仙吉」の説明があって、つまりこれが会津小鉄の墓碑だとわかる。

小鉄と会津は、どういうことから関係ができたのか？

小鉄の名は鉄五郎というらしいが、出身や身分はわからない。ひどく貧しい環境に育ったのはたしかだ。母親とふたりで巡礼の旅に出て命をつないでいたとい

西雲院《さいうんいん》そばに祀《まつ》られる会津小鉄の墓

い。

う説もある。（田村栄太郎『一揆・雲助・博徒』）

十一歳のときに江戸の安藤という大名の仲間部屋頭をしていた吉右衛門の居《い》候《そうろう》になり、仲間《ちゅうげん》部屋でさかんだった博打《ばくち》をおぼえた。

仲間部屋とはどういうものか、小鉄の生涯を知るには理解しておくほうがいい。

大名や旗本の屋敷に住み込んで雑用をつとめるのを仲間とか小者といい、仕事のないときには博打でゼニを遣《や》り取りしている。

取るよりは遣るほうが多いから、いつになってもカネはたまらず、人生の設計が立たない。といって博打をやらなければイジメの的《まと》にされて部屋から追い出されるから、やらぬわけにもいかないのである。

現代サラリーマンのゴルフは仕事に必要な交際術という面があるが、仲間の博打は交際なんていう呑気《のんき》なものではない。博打をしなければ仲間として生きていけない。

主人は見て見ぬふりをし、一切を仲間部屋頭に任せている。監督をきびしくすればストライキを起こされる恐れがあるからで、頭の権威はなかなかのものだ。

尊皇攘夷のせいで流行した博打

さて小鉄は世話になった吉右衛門と喧嘩して江戸にいられなくなり、京都へ来た。

京都にも博打の場はたっていた、と言えばすぐにわかるように公家の屋敷が博打場だった。貧乏な岩倉具視がなんとか飢え死にしなかったのも、自宅で博打をひらかせてテラ銭をとっていたからだ。

小鉄が京都へ来たのは文久になってからだろう。攘夷派が牛耳《ぎゆうじ》っている京都である、公家の屋敷で博打がひらかれているのを察知しても幕吏は踏み込めない。武家方の警察は公家屋敷に踏み込む権利がないからだ。

厄介な手続きをして捜査しても、「そんなことよりも攘夷に精を尽くせ！」とサカネジを食らわせられてはたまらない。

そういうわけで、小鉄が来たころの京都では博打がさかんだった。博打の流行に目をつけて京都に来たのかもしれない。

博打がさかんだったのは京都の景気がよかったことを意味している。

それに引き換え、江戸はさびれていた。将軍家茂が京都に呼びつけられ、一度はもどってきたのでやれ安心と思うまもなく、こんどは長州征伐に行ったきりなかなか帰らない。そうなると江戸はますますさびれたということを、彫刻家の高《たか》村《むら》光《こう》雲《うん》が語っている。この光雲は詩人で彫刻家の高村光太郎《こうたろう》の父だ。(『高村光雲回顧録』)

京都を景気づけたのは尊皇攘夷の運動だから、小鉄を京都に行かせたのも尊攘運動である、ということになる。

はじめのうちは博打には手を出さず、賭場《とば》をまわって寿司や駄菓子を売って歩いた。家主や胴元にテラ銭を払わなくてはならないが、それでもかなりの儲《もう》けにはなったろう。

そのころ、「胸毛のジャガラ」という嫌われ者の賭場荒らしがいた。賭場に来ると、だれかれなしにカネを借り、貸さなければ殴りつけてでも借りる。借りたカネは返さず、博打に勝ったら勝ち逃げだ。

ジャガラが出没する賭場はさびれ、小鉄の売上げが減る。小鉄はジャガラと決闘して勝ち、利害の一致する胴元たちから感謝された。いつのまにか小鉄は、京都の博打の世界で名前が知られるようになった。(『一揆・雲助・博徒』)

「会津小鉄」という名に隠された意図

松平容保が守護職としてやって来ると、小鉄はさっそく黒谷の会津屋敷にコネをつけようと画策した。黒谷の仲間部屋で巨額の博打のカネが流れるのはわかりきったことだからだ。

黒谷の仲間部屋は大垣屋清八という者が請け負った。清八は寺町通丸太町下ルに店を持って仲間斡旋《あっせん》の仕事をしていた。この時期の京都には続々と大名屋敷ができるので仲間が不足気味である。大垣屋はさぞ繁盛していたろう。

大垣屋には三人の子分があって、そのひとりの国右衛門の手下として、小鉄は会津部屋の博打をとりしきるようになった。

会津の仲間部屋で働いていたから「会津の小鉄」という名がついたとする説明もあるようだが、それはちょっとちがうだろう。黒谷の仲間部屋に名前が登録してあったのは事実としても、仲間ぐらいではニックネームがつくものではないし、仲間うちのニックネーム程度ではひろい世間に通用するはずがない。

小鉄は自分で「会津の小鉄」と名乗り、京都の博徒の世界で名を売ったのだ。

はやく言えば、「おれは守護職会津さまの息のかかった人間だ」と、会津の権威を笠にきたのである。

そのうちに長州征伐がはじまり、大名たちが軍隊をつれて乗り込んでくるから大垣屋も小鉄も大繁盛だ。「戦争というものは形を変えた政治である」という学説があるそうだが、「戦争とは人夫斡旋業と博徒をもうけさせる政治だ」ともいえる。

時期ははっきりしないが、そのうちに小鉄は会津部屋から出てしまったらしい。身分や肉親のことで疑惑がもたれ、大垣屋の弁明が通らなかったという説がある。仲間なんていうのはもともと身分素性を問われない立場のはずだから、これはどうもおかしい気がするが、ともかくも小鉄は会津部屋から追い出されてしまった。

小鉄自身は疑惑をもたれたのを気にすることもなく、その後も会津部屋へ出入りしていたという。

小鉄は博徒の親分として独立していて、会津部屋だけを頼りにする必要はなくなっていた。しかし小鉄にソデにされた会津部屋としては格好がつかない、そこで「小鉄はこっちからクビにした」という形をつけた、というのが真相ではなかったろうか。

侠客とバクチウチの決定的な違い

さて、会津の小鉄は「侠客」といわれる。黒谷の塔頭、西雲院の墓碑にもはっきり「侠客」と刻んである。

侠客とはなにか?

侠客は任侠の徒、遊侠の徒ともいい、最初に明確な概念を規定したのは中国の歴史家の司馬遷《しばせん》である。かれは『史記』のなかに「遊侠列伝」という章をもうけた。

「苦難にある人を救い出し、金品に困っている人を援助するということでは、仁者も学ぶ点があり、約束にそむかないということでは、義人も見習う点があろう」（小川環樹ほか訳）

「ところで遊侠とは、その行為が世の正義と一致しないことはあるが、しかし言ったことはぜったいに守り、なそうとしたことはぜったいにやりとげ、いったんひきうけたことはぜったいに実行し、自分の身を投げうって他人の苦難のために奔走し、存と亡、死と生の境目を渡ったあとでも、おのれの能力におごらず、おのれの徳行を自慢することを恥とする、そういった重んずべきところを有しているのである」

小鉄が世間から「俠客」の名をもらったのは、なにが理由だったろう？　バクチウチの親分だったから、ではない。バクチウチはあくまでバクチウチにすぎず、「世の正義に一致しない」行為だけしかやらない。

小鉄はバクチウチではあったが、「自分の身を投げうって他人の苦難のために奔走」したと世間から判断されたのだ。

それが何であったかというと、鳥羽伏見の合戦で戦死した会津兵の死体を集め、黒谷に運んで葬ったことだ。西雲院の墓碑のそばの案内板には、そう書かれている。

——小鉄には子分がいたはずで、カネをもらって子分に埋葬をやらせたんだろう。それなら「自分の身を投げうって」なんていう美しいものではないじゃないか！

この場合、カネは出なかったと思われるのだ、出るはずがない。

なぜカネは出なかったかと推測できるのか？

カネを出すとすれば会津藩松平家か戦死者の遺族ということになるが、どっちにしてもそんなヒマもカネもない。

鳥羽伏見の戦争に負けた会津の軍隊はてんでんばらばらに江戸まで逃げ、ふたたび態勢を立て直して会津にもどって官軍を迎え討つ。戦死者の埋葬どころではない。

となると、小鉄はなぜ戦死者を埋葬したのだろうか？

会津藩士を助けるための小鉄の〝秘策〟

謎解きの鍵はカネではなくて人間である——まずこれがわたくしの立場だ。人間はカネで動くものだが、といってカネがなければ絶対に動かないというものでもない。

カネに代わるもの、カネ以上に強く人間を行動させるもの、それは何かというと感動である、はげしい自己満足にみちびく無償の行為である。

小鉄を動かした感動は、逃げおくれて慌てふためく会津兵だったにちがいない。

彼らが困惑の極みにあったのは味方とはぐれただけではない。京都にいるのを見つかれば逮捕、処刑されてしまう、それが彼らを恐怖のどん底に突き落としていた。

彼らは小鉄より優位な地位にあった。たかが仲間、たかが博徒と見下して顎《あご》でこきつかっていた。

それがいまや味方にはぐれ、途方に暮れている。小鉄は彼らの顔に、同情を求め、援助を乞う表情を認めたにちがいない。

「おれなら助けられる、助けられるのはおれしかいない」

彼らの心の底には黒谷がある。「黒谷に逃げ込めたら、どんなにいいか」という気がある。あしかけ七年の月日は短いものではない、黒谷は第二の故郷になっている。

しかし、黒谷には行けない。官軍の捜査がきびしいからだ。

「会津の敗残兵は黒谷あたりをうろつくはずだ、見逃すな！」

新選組の上部機関として尊攘の志士を痛めつけた守護職の会津だ、官軍からはもっとも憎まれている。見つかったら最後、命がいくつあっても足りない。

そうと気づいた小鉄に名案が浮かんだ。

会津の小鉄が子分を使って会津兵の死体を黒谷に埋葬する——ということにして、じつは会津の敗残兵を自分の子分に化けさせてしまう。

証拠はないのだが、おそらくはこういうことだったろうと思う。

それにしても、こんな名案が浮かぶにはそれなりのきっかけが必要だ。小鉄に名案を思いつかせたきっかけは、なにか？

鳥羽伏見の戦争は、正月三日にはじまった。

そのころ小鉄はどこにいたかというと、なんとこれが大坂の牢屋で新年を迎えたというのである。

会津部屋を離れて独立した博徒になった小鉄は、京都と大坂を行ったり来たりしていた。去年の暮れに大坂の賭場で喧嘩して傷害事件を起こし、ぶちこまれた。

年が明けて正月三日、大坂城の旧幕府軍は徳川慶喜を先頭に立てて京都へ向かう。乾坤一擲《けんこんいってき》の勝負をいどむからには大坂に仕事を残しておいてはならん、というわけで囚人を整理した。殺すものは殺す、釈放するものは放りだす。

小鉄は釈放された。会津にゆかりがあるので、牢役人が親近感をもっていたのだろう。

釈放されたのは四日だというが、小鉄はまっすぐ京都に向かったはずだ。ふつうのひとなら敬遠するところだが、そこは小鉄である、近くの京都に戦争があるとわかっていて飛び込まない手はない。戦場にはおもしろいことがころがっている、行けっ——これが小鉄の本能なのだ。

鳥羽伏見で見たのは旧幕府軍の惨敗、そして見知りの顔の会津兵士の死体だった。

「こりゃ、いかん。会津の敗残兵の行くところがなくなる」

会津の敗残兵を使って会津兵の死体を集め、埋葬する——戦場を見た瞬間に浮かんだ名案だったはずだ。

正論をつらぬいた西雲院

黒谷の会津墓地は西雲院の横にある。黒谷のほかの塔頭はもっと低いところにあるのに、西雲院だけはひとつ離れて高いところにある。西雲院と会津墓地がセットになっている感じだ。

会津墓地の入口にある説明は西雲院の名義で書かれている。小鉄の墓碑は西雲院のなかにある。

会津墓地と小鉄、そして西雲院の三者は特別の関係にあるとみていいようだ。その特別の関係が何かについては率直に推測すればいいことだと思う。

会津兵の死体を埋葬することがスムーズに運んだとは思えない。

「鳥羽伏見戦争の前に亡くなった方の墓もここにあるのです、戦死者の死体をいっしょに埋葬してもいいはずです」

これは正論なのだが、なにしろ会津の戦死者は官軍の敵だ、あれこれと邪魔が入り、黒谷の総意としても、「ことわったほうがいいのでは……」と弱気にもなったろう。

そういうなかで西雲院だけが正論をつらぬいたのだと想像される。

「なにか事が起こったら西雲院さんが責任をおとりになる、ということで……」

こんなふうな始末になったのではないか。

証拠はない、あくまでもわたくしの想像である。

会津墓地をたずねて時間が余ったら、今井似幽《じゆう》の墓碑を探していただきたい。似幽については第3章「なぜ桂小五郎《かつらこごろう》は、新選組に討たれなかったのか」を読んでいただければわかるが、長州の桂小五郎をはじめとする尊攘志士を助けた商人だ。

今井似幽は新選組を相手にまわして尊攘派に協力したひと、その新選組を使って尊攘派をつけねらった会津藩士——立場の敵対するひとたちがいまはおなじ墓地に眠っている。

京都の黒谷に夫の、父の、兄の墓がある——会津の遺族がこう思うようになったのは、いつからだろう?

いや、戦死を聞いたときから片時も忘れたことはない。忘れたことはないのだが、哀しみにひたっていられる時間はなかった。

会津は明治元年(一八六八)九月二十二日に降伏し、十二月八日に「永預」という処分がくだった。会津という藩は消えてしまったのである。

明治二年の九月、松平容保の子の容大《かたひろ》に「家を存続させる」との政府の特旨がくだった。松平家は復活したが、領地はどうなったかというと陸奥《むつ》の下北《しもきた》半島(青森県)でわずかに三万石が与えられた。「斗南《となみ》藩」である。

下北の土地はやせている、三万石の収穫は期待できない。海岸に流れ寄る海草をひろって食って飢えをまぎらす毎日では、京都の黒谷に哀しみの思いを馳《は》せる余裕はない。

会津藩と強い絆《きずな》でつながれた西雲院

明治四年の廃藩置県で斗南藩もなくなってしまうが、旧斗南藩士が官界に就職する窓は閉ざされている。会津の者を雇ってはならんという法律はないのだが、先輩の引きがないから、どうにもならない。屈辱と困窮の日々が続いた。

明治十年二月二十日、政府は熊本城を占領している西郷隆盛の軍隊を鎮圧すると決定した。

会津人の柴《しば》五郎《ごろう》は、その日の日記に書きつけた。

「芋征伐おおせいだされたりと聞く、めでたし、めでたし」（『ある明治人の記録——会津人柴五郎の遺書』）

芋とは西郷軍のことである。徳川幕府を倒し、会津藩を叩きのめした憎っくき西郷のことである。

「薩摩のイモザムライめ！」

会津人は薩長に怨念を集中させることで、かろうじて屈辱と困窮に堪《た》えてきた。そのイモザムライ追討の戦いがとうとうはじまる、こんなめでたいことはない！

会津のひとが京都の黒谷のことをしみじみと思うようになったのは、このときからだろう。

（この作品『京都の謎〈幕末維新編〉』は、平成四年四月、祥伝社黄金文庫から刊行されたものの新装版です）

一〇〇字書評

切り取り線

購買動機（新聞、雑誌名を記入するか、あるいは○をつけてください）

□（　　　　　　　　）の広告を見て	
□（　　　　　　　　）の書評を見て	
□ 知人のすすめで	□ タイトルに惹かれて
□ カバーがよかったから	□ 内容が面白そうだから
□ 好きな作家だから	□ 好きな分野の本だから

●最近、最も感銘を受けた作品名をお書きください

●あなたのお好きな作家名をお書きください

●その他、ご要望がありましたらお書きください

住所	〒				
氏名		職業		年齢	
新刊情報等のパソコンメール配信を 希望する・しない	Eメール	※携帯には配信できません			

あなたにお願い

この本の感想を、編集部までお寄せいただけたらありがたく存じます。今後の企画の参考にさせていただきます。Eメールでも結構です。

いただいた「一〇〇字書評」は、新聞・雑誌等に紹介させていただくことがあります。その場合はお礼として特製図書カードを差し上げます。

前ページの原稿用紙に書評をお書きの上、切り取り、左記までお送り下さい。宛先の住所は不要です。

なお、ご記入いただいたお名前、ご住所等は、書評紹介の事前了解、謝礼のお届けのためだけに利用し、そのほかの目的のために利用することはありません。

〒一〇一‐八七〇一
祥伝社黄金文庫編集長　萩原貞臣
☎〇三（三二六五）二〇八四
ohgon@shodensha.co.jp

祥伝社ホームページの「ブックレビュー」からも、書けるようになりました。
http://www.shodensha.co.jp/bookreview/

祥伝社黄金文庫

京都《きょうと》の謎《なぞ》〈幕末《ばくまつ》維《い》新編《しんぺん》〉

令和 2 年 4 月20日　初版第 1 刷発行

著　者　高野《たかの》　澄《きよし》

発行者　辻 浩明

発行所　祥伝社《しょうでんしゃ》

〒101－8701
東京都千代田区神田神保町 3－3
電話　03（3265）2084（編集部）
電話　03（3265）2081（販売部）
電話　03（3265）3622（業務部）
http://www.shodensha.co.jp/

印刷所　堀内印刷

製本所　積信堂

Printed in Japan　© 2020, Kiyoshi Takano　ISBN978-4-396-31780-5 C0121

祥伝社黄金文庫

高野 澄

新版 伊勢神宮の謎

なぜ日本文化の故郷《ふるさと》なのか

なぜ伊勢のカミは20年に一度の〝式年遷宮〟を繰り返すのか？　独特の歴史や風土をもつ伊勢・志摩ガイド。

高野 澄

春日局《かすがのつぼね》と歴史を変えた女たち

江戸城の独裁者・春日局、家康に抗った淀君《よどぎみ》、足利義政の御台所・日野《ひの》富《とみ》子《こ》、尼将軍・北条政子《ほうじょうまさこ》——4人の素顔。

高野 澄

サムライガール 新島八重《にいじまやえ》

維新を駆け抜けた「烈婦」の生涯

幕末のジャンヌ・ダルクから日本のナイチンゲールへ。激動の時代を自由に生き抜いたハンサム女子《ウーマン》の素顔。

高野 澄

古典と名作で歩く本物の京都

光源氏《ひかるげんじ》と嵯峨野《さがの》、漱石と比叡山、竹《たけ》久夢二《ひさゆめじ》の住まい……文学作品を鑑賞しながら、歴史と地理にも強くなる！

加藤眞吾

清水寺の謎

なぜ「舞台」は造られたのか

過去に10回以上も焼け、壊された世界遺産。時代と政治に翻弄されながらも復興してきた1200年に迫る！

三浦俊良

東寺《とうじ》の謎

巨大伽藍に秘められた空海の意図

古いものが古いままで新しい！　五重塔、講堂、不開門《あけずの》……いたるところに隠れている秘史と逸話に迫る。